U0910467

红色记忆® 13

让雷锋精神永放光芒

海南省文化交流促进会 编

南海出版公司
2012·海口

图书在版编目（CIP）数据

红色记忆·第1辑·13 / 海南省文化交流促进会编．
-- 海口：南海出版公司，2012.5（2025.1重印）
ISBN 978-7-5442-5919-4

Ⅰ．①红… Ⅱ．①海… Ⅲ．①革命传统教育－中国－青年读物②革命传统教育－中国－少年读物 Ⅳ．①D642-49

中国版本图书馆CIP数据核字（2012）第088172号

HONGSE JIYI · DI 1 JI · 13
红色记忆·第1辑·13

作　　者 海南省文化交流促进会
总 策 划 刘　栋
顾　　问 贾延岩
执行总编 张　桐　张爱国
责任编辑 聂　敏
封面设计 郑广明
排版印务 何怡欣
发行总监 杨成春
出版发行 南海出版公司　电话：（0898）66568508　66568511
社　　址 海南省海口市海秀中路51号星华大厦五楼　邮编：570206
电子信箱 nhpublishing@163.com
经　　销 新华书店
印　　刷 天津睿意佳彩印刷有限公司
开　　本 787毫米 ×1092毫米　1/16
印　　张 7.5
字　　数 100千字
版　　次 2012年5月第1版　2025年1月第2次印刷
书　　号 ISBN 978-7-5442-5919-4
定　　价 39.80元

序

对历史无知的人，没有真正的信仰可言；没有信仰的人，不可能拥有美好的理想，不可能胸怀崇高的情感，也就不可能担负起任何责任。用欲望文化代替历史教育，足以使一个国家的青年被腐蚀、使一个民族的希望被毁掉，使这个国家和民族被永世万代地奴役！

鉴于此，我们呼唤历史，唤回那段属于二十世纪的“红色”历史，唤回那段炮火硝烟、颠沛流离的历史，唤回那冲天的狼烟留下的悲壮回忆、岁月年轮沉淀的斑驳痕迹。历史不应该被忽略，更不应该被遗忘，牢记那段革命战争年代的红色历史更是责任。为了那些不应该被忘却的记忆，为了那些不应该被丢弃的信念，于是就有了这套《红色记忆》丛书。

曾记否，当草鞋与意志丈量出来的两万五千里穿越一个伟大民族五千年的荣辱兴衰，革命的火种被一路播撒、一路点燃。人迹罕至的雪山、荒无人烟的草地被鲜血浸透，衬映出一段光辉的里程；万水千山早已被远远地抛在身后，一轮红日在黄土高原磅礴而起。满目疮痍的河山在 1936 年 10 月温暖如春……

曾记否，当生命和鲜血浸染的十几年光阴将一种记忆铭刻进一个伟大民族的历史画卷，革命的火焰从星火到燎原。这栏杆拍遍、易水悲歌般的呼号，这折戟沉沙、慷慨赴义的悲壮，这铁马冰河、枕戈待旦的苦战，这红旗漫卷、所向披靡的豪迈……腔腔热血、铮铮铁骨早已被熔铸成一座不朽的丰碑，中华民族从苦难中百死后生的壮丽诗史凝结成了五星闪耀的红色记忆。

曾记否，中华人民共和国成立以来，又有无数英烈接过前辈用鲜血染红的旗帜，或壮怀激烈戍边卫国，或忠于职守鞠躬尽瘁，或绝甘分少奉献大爱，甘做国家强盛、人民富裕的铺路石，成为和平年代民族复兴的荣光，把人民心中的红色记忆浸染得分外鲜艳，永不褪色。

这红色记忆，是信念不衰、志向不改的崇高气节；这红色记忆，是无私无我、生属苍生的博大胸怀；这红色记忆，是敢为人先、披荆斩棘的拓荒精神；这红色记忆，是中华民族最宝贵的精神财富。它告诫我们，人事有代谢，传承无绝期。缅怀先烈精神，继承先烈遗志，是社会的道德和民族的良心，是后来者须臾不可忘怀的本分。

老一代人把历史的真实交付给我们，我们有责任用真实还原历史，传承给下一代，把那段岁月与现在年轻人的生活连接到一起，使他们眼中的历史变得立体、真实、可靠，让历史成为他们前进的动力。本丛书将那些流动的、随时会飘散在时间天际的事件凝固下来，希望透过这些文字、图片，感受到英雄们那坚定的革命信念，感受到那个年代澎湃的革命激情，真切体会那段“红色历史”。

忘记历史，就意味着背叛。让我们重温历史，缅怀先烈，从中汲取力量，毅然前行。

刘栋

目录
CONTENT

雷　锋		1
雷锋日记（节选）	文／雷　锋	3
我与雷锋的友情	口述／张训社　整理／刘卫霞	10
让雷锋精神永放光芒	口述／赵明才　整理／胡　芳	12
“雷锋车”的故事	口述／乔安山　整理／连晨晖	15
雷锋精神永存		20
弘扬雷锋精神及其当代价值问题研究 ——关于雷锋精神的系统思考	文／楚国良	21
二十一世纪雷锋精神	文／韩　旭	31
雷锋精神的时代内涵	文／王　易	33
立足时代主题，充分发掘雷锋精神的当代价值	文／徐茂华　卢　鹏	37
新时代“活雷锋”		40
在高原播种希望的格桑花	文／李森川	41
新时期雷锋传人——郭明义	文／高　巍	48
青春淬火铸警魂	文／沈峥嵘　高　坡	59
任长霞：托起一方晴朗的天	文／王　丹	64
轮椅上的“美丽人生”	文／佚　名	72
马班邮路的铁汉王顺友	文／佚　名	76
“魅力老师”郭力华	文／岳　钦	82
她给孤寡老人一个温暖的家	文／良　子	84
卖羊肉串的“慈善家”	文／戴　岚	87
超越民族和血缘的母爱	文／武　威　何　涛	92
李春燕：苗寨的赤脚医生	文／岑大明	96
倾其所有奉献爱心　赤子情怀可歌可泣	文／李南玲	101

雷　锋

雷锋（1940—1962 年），原名雷正兴，出生在湖南长沙望城（现长沙市望城区雷锋镇）一个贫苦农民家庭。他是一位平凡而伟大的共产主义战士，是中国人民解放军全心全意为人民服务的楷模。

中华人民共和国成立前，他的家人相继含恨离世。时年七岁的雷锋沦为孤儿，在穷乡亲的拉扯下，挣扎着活了下来。1949 年 8 月，雷锋的家乡长沙望城解放，雷锋从此走出了痛苦的生活。他在党和人民政府的关怀下幸福成长，参加儿童团，进小学读书，并加入中国共产主义少年先锋队。

1956 年，他在小学毕业后参加了工作。先后在乡政府当通信员、中共望城县委当公务员。他工作积极，埋头苦干，被县委机关评为“工作模范”。

1957 年 2 月，雷锋加入中国共产主义青年团，在根治沩水河中，被评为工地模范。此后，他相继在望城县沩水工程指挥部、团山湖农场和辽宁鞍山钢铁公司化工总厂当拖拉机手和推土机手，工作出色，多次被评为“红旗手”“劳动模范”“先进生产者”和“社会主义建设积极分子”，出席了鞍山市青年积极分子代表大会。

1960 年 1 月 8 日，雷锋应征入伍，同年 11 月加入中国共产党。在部队的培养教育下，他进一步提高了政治觉悟，牢固地树立了全心全意为人民服务的思想和为共产主义奋斗终身的远大目标。他懂得“怎样做人，为谁活着”，忠于党、忠于人民、忠于祖国、忠于社会主义；以“钉子”精神刻苦学习毛泽东著作和科学文化知识，不断提高为人民服务的本领；以甘当“螺丝钉”的精神，干一行、爱一行、钻一行，在平凡的岗位上做出了不平凡的业绩。连队分配他当汽车兵，他努力钻研驾驶技术，成为一名合格的汽车驾驶员。他担任班长后，大胆管理，事事模范带头，带领全班成为部队先进集体。

他热爱集体，关心战友，关心群众，把“毫不利己、专门利人”看成是人生最大的幸福和快乐，并身体力行，“把有限的生命投入到无限的为人民服务之中去”。他把自己省吃俭用积攒的钱，寄给受灾群众，送给家庭困难的战友。他经常在节假日和休息时间到部队驻地附近的车站，扶老携幼，迎送旅客。他出差时，一上火车就为旅客端茶送水，打扫卫生；他曾担任校外辅导员，以自己的模范行动影响和激励青少年健康成长；他谦虚谨慎，从不骄傲自满，受到赞誉不骄傲，做了好事不留名。

1962 年 8 月 15 日，雷锋同志在指挥战友倒车时，汽车撞上电线杆，他被倒下的电线杆砸中，经全力抢救无效，不幸牺牲。雷锋在部队生活的两年八个月的时间里，被授予中士军衔，荣立二等功一次，三等功三次，受嘉奖多次，被评为“模范共青团员”“节约标兵”，被选为抚顺市人民代表大会代表。

8月17日，在抚顺市望花区政府礼堂召开隆重的追悼会，近十万人护送雷锋的灵柩向烈士陵园走去……

雷锋，这个名字，在我们的心中闪烁着不灭的光辉。他把自己的青春献给了党，献给了人民。他高尚的理想、信念、道德、情操，必将在青少年身上不断发扬光大。他那不可磨灭的形象，将永远活在我们的心中，为中华大地留下一段不朽的诗篇。

雷锋的模范事迹和高尚思想在全国产生巨大影响。1963年1月7日，中华人民共和国国防部命名他生前所在班为“雷锋班”。毛泽东、周恩来、刘少奇、朱德、陈云、邓小平等党和国家领导人为他题词。

1963年3月5日，毛泽东题词：“向雷锋同志学习”。周恩来题词：“向雷锋同志学习，憎爱分明的阶级立场，言行一致的革命精神，公而忘私的共产主义风格，奋不顾身的无产阶级斗志”。邓小平题词：“谁愿当一个真正的共产主义者，就应该向雷锋同志的品德和风格学习”。中国人民解放军总政治部、中国共产主义青年团中央委员会、中华全国总工会和中华全国妇女联合会先后发出向雷锋学习的号召。

1990年3月5日，江泽民等党和国家领导人分别题词，号召全国人民进一步向雷锋学习，弘扬雷锋精神，为建设具有中国特色的社会主义而努力。

抚顺和望城分别建立了雷锋纪念馆。在广泛持久开展学习雷锋的活动中，中国人民解放军各部队和全国各条战线上涌现出了大批雷锋式的英雄模范人物。雷锋精神培育了一代又一代新人成长。

2009年9月10日，在中共中央宣传部、中共中央组织部、中共中央统战部、中共中央文献研究室、中共中央党史研究室、民政部、人力资源和社会保障部、全国总工会、共青团中央、全国妇联、解放军总政治部等十一部门联合组织开展评选“一百位为新中国成立作出突出贡献的英雄模范人物和一百位新中国成立以来感动中国人物”活动，雷锋被评为“一百位新中国成立以来感动中国人物”。多年以来，只要有人干了好事，人们就称他为“活雷锋”。

雷锋日记（节选）

文/雷　锋

1960年元旦，雷锋入伍前留影

1958 年 6 月 22 日

从 3 月 16 日到今天，我开的汽车已安全行驶了四千多公里，没有发生事故，圆满地完成了上级首长交给的各项任务。

为了使车辆经常处于良好的技术状况，准备迎接新的任务，首长给了我一天时间保养车。从今早六点钟开始工作，清洗了燃油系，检查调整了电路，底盘各部机件打了黄油。当我把全车螺丝检查紧定完毕的时候，接到首长的指示，叫我马上出车，护送一个重病号到卫生连。我急忙收拾工具，出车护送。临走前，我看了下手表，已是下午一点了。这时我的肚子也感到有些空了。凑巧，我连炊事员给我送来了一盒午饭，大家叫我吃了饭再走。但是我想：阶级兄弟病重，处在紧要关头，抢救同志要紧，不能耽误时间，于是起车出发。

经过两个多小时急行车，终于把病号按时送到了卫生连，顺利地完成了任务。这时，我才松了一口气，感到格外的痛快。

1959 年 10 月 11 日

一、加强修养，努力学习团纲、团章和有关团员修养的书籍，处处听党的话；坚决地、无条件地做党的驯服工具。

二、把自己的全部力量献给党的建设事业，在生产中，一定完成任务，一红到底，有一分热发一分光。

三、虚心向群众学习，并以团员的模范作用，带动群众前进。

四、掌握批评与自我批评的武器，经常向支部汇报自己的思想情况，在支部的直接领导、监督下，努力改造自己的思想。

1959 年 10 月 21 日

1958 年入厂时候，我只是一个抱着感恩的思想埋头苦干的工人，在生产上只能做到完成自己的任务和达到每天的定额。

后来，在党的教育下，特别是受到党的社会主义建设总路线和全国人民冲天干劲的鼓舞，才使我的思想和眼界变得更加开朗和远大，才使我的干劲越来越高涨。

由于党的教育，我懂得了这个道理：一朵鲜花打扮不出美丽的春天，一个人先进总是单枪匹马，众人先进才能移山填海。

1959 年 10 月 25 日

青春啊！永远是美好的，可是真正的青春，只属于这些永远力争上游的人，永远忘我劳动的人，永远谦虚的人。

1959 年 11 月 2 日

向市劳动模范张秀云学习。首先学习她高度的主人翁责任感，对党对社会主义建设事业的赤胆忠心；学习张秀云同志积极主动、帮助别人、大公无私、舍己为人的共产主义思想和团结群众的优良作风；学习她坚持向群众学习、不断充实自己、谦逊好学的精神。

1959 年 11 月 26 日

中午十二点，我刚从车间开完会回到宿舍，一进门就被人家围住了。小王拿着一张报纸跑到我跟前说：“雷锋同志，你看，你上次在雨夜抢救水泥，登了共青团员报了！”当时，我也和大家同样感到高兴。这对我和大家来说，都是很大的鼓舞。

我这么一点点贡献，比起党对我的要求和希望还是做得很不够的，但是我有决心忘我地劳动，赤胆忠心，不骄不躁地乘胜前进，多为党做一些工作，这就是我感到最光荣的。

1955 年，“六一”儿童节，雷锋参加少先队队日活动，担任大鼓手。这是雷锋（前排左一）和老师、同学在长沙烈士公园过少先队队日的合影

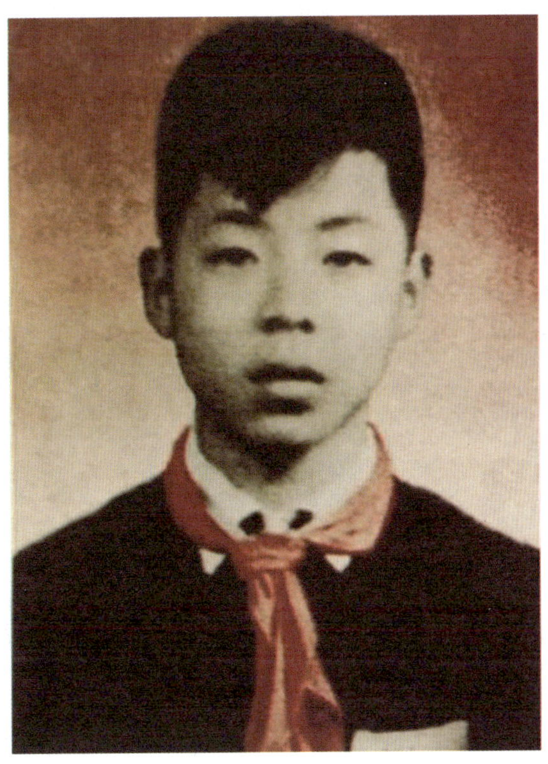

高等小学毕业前夕的雷锋

雷锋在少先队队旗前留影

雷锋故居

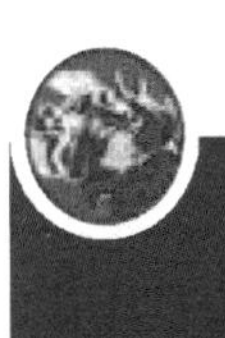

1960年1月8日

这天是我永远不能忘记的日子，这天是我最光荣的日子。我走上了新的战斗岗位，穿上了黄军服，光荣地参加了中国人民解放军。我多年来的愿望在今天实现了，感到万分的高兴，这是我一生最大的幸福。

在党的正确领导下，在革命的大家庭里，我一定要好好地锻炼自己，在入伍的这一天，我提出如下保证：

一、听党的话，服从命令听指挥。党指向哪里，我就冲向哪里。

二、加强政治学习，多看报纸和政治书籍，按时参加部队各种会议和学习，积极宣传党的政策，密切靠近组织，及时向组织反映各种情况，不断提高自己的政治思想觉悟。

三、尊敬领导，团结同志，互帮互爱互学习。

四、严格遵守部队一切纪律，做到虚心向老战士学习，刻苦钻研，加强军事学习，随时准备打击敌人。

五、克服一切困难，发扬先辈优良的革命传统。我要坚决做到头可断，血可流，在敌人面前决不屈服、投降。我一定要向董存瑞、黄继光、安业民等英雄学习。

六、我要努力学习政治、军事、文化，我要好好地锻炼身体，我一定要在部队争取立功当英雄，我一定要做一个毛泽东时代的好战士，我要把我可爱的青春献给祖国最壮丽的事业。

以上六条是我努力的方向和奋斗目标。今天我太高兴我太激动，千言万语一下要写完是办不到的，因此写到这里告一段落。

我渴望已久的参加中国人民解放军的理想实现了，怎么叫我不高兴呢！我恨不得把我的心掏出来献给党才好。晚上我怎么也睡不着，我的心就像大海的浪涛一样，好久不能平静。

我，一个在旧社会受苦受罪的穷苦孤儿，居然成为一个国防军战士，得到党和首长的信任，受到战友们的热爱，我真不知说什么好……

在这个革命的大家庭里，首长胜过父母，战友亲过兄弟，这一切，只有在党领导下的人民军队里才能得到。

我一定不辜负党对我的教育和期望，决心全心全意保卫国防，成为一个优秀的国防战士。

1961年2月2日

今天我从营口乘火车到兄弟部队做报告，下车时，大北风刺骨地刮，地上盖着一层雪，显得很冷。我见到一位老太太没戴手套，两手捂着嘴，口里吹一点热气温手。我立即取下了自己的手套，送给了那位老太太。她老人家望着我，满眼含着热泪，半天说不出话来……一路上，我的手虽冻得像针扎一样，心中却有一种说不出的愉快。

1962年4月17日

一个人的作用，对于革命事业来说，就如一架机器上的一颗螺丝钉。机器由于有许许多多的螺丝钉的连接和固定，才成了一个坚实的整体，才能够运转自如，发挥它巨大的工作能。螺丝钉虽小，其作用是不可估量的。我愿永远做一个螺丝钉。

螺丝钉要经常保养和清洗，才不会生锈。人的思想也是这样，要经常检查，才不会出毛病。

我要不断地加强学习，提高自己的思想觉悟，坚决听党和毛主席的话，经

雷锋二十岁留影

常开展批评与自我批评，随时清除思想上的毛病，在伟大的革命事业中做一个永不生锈的螺丝钉。

1962 年 6 月 25 日

我听有些人说：当兵不合算，挣不到钱，不如在家种二亩自留地，既有花的，又有吃的……

我认为这种人对个人利益和集体利益的关系认识不足。俗话说：“大河涨水，小河满；大河无水，小河干。”

同样的，只有集体利益富裕了，个人利益才能得到满足，如果没有集体的利益，哪还有什么个人的利益呢？

1962 年 6 月 30 日

我认为，一个革命者，要树立牢固的集体主义思想，时刻都要把集体利益放在第一位。同时还要坚决打消个人主义，因为个人主义对革命不利，对集体有损害。个人主义好比大海中的孤舟，遇到风浪，一碰就翻。集体主义好比北冰洋上的原子破冰船，任凭什么坚冰都可以摧毁。我认为坐在小舟里摇摇晃晃不好，还是坐在原子破冰船上乘风破浪一往无前为好。

1962 年 8 月 5 日

今天是星期日，本来应该休息。可是因为任务重、工作忙，再加上汽车行驶里程到了二级技术保养期间，我想：完成任务要紧，保养好车辆重要，牺牲个人休息嘛，没有什么。因此，我还是照常工作。上午调整了汽车各部间隙，换了手制动片。下午送工作组首长到我团工作，一路很平安。

1962 年 8 月 6 日

我今天听一位同志对另一位同志说：“人活着就是为了吃饭……”我觉得这种说法不对，我们吃饭是为了活着，可活着不是为了吃饭。我活着是为了全心全意为人民服务，是为人类的解放事业——共产主义而斗争。

1962 年 8 月 8 日

今天给一营二连拉粮食。上午八时出车，九时半左右就到达了抚顺粮站。这趟是副司机开的。因他缺乏驾驶经验，遇到紧急情况，就手忙脚乱起来，因此，轧死了老乡的一只鸭子。我立即叫他停车，向老乡道歉，并给老乡赔偿了两元钱，使老乡没意见，很受感动。

1962 年 8 月 9 日

今天我看了一位科学家对青年讲的

一段话，对我的启发教育很大。他说：“你在任何时候，也不要以为自己什么都知道。不管别人怎样器重你们，你们都要有勇气对自己说：‘我没有学识！’决不要陷于骄傲。因为一骄傲，你们就会固执起来；因为一骄傲，你们就会拒绝别人的忠告和友谊的帮助；因为一骄傲，你们就会丧失客观方面的准绳。”

这些话好得很，我不但要永记，而且要贯彻到言语行动中。

1962 年 8 月 10 日

今天，我认真学习了一段毛主席著作，其中有两句话对我教育最深。毛主席教导我们说：“虚心使人进步，骄傲使人落后。”这是千真万确的真理。过去，我在一切言论或行动中，按主席的教导做了，因此我进步了；现在，我仍要牢记主席的这一教导，坚决努力，要求自己更好地做到这一点。

今后，我要更加热爱人民和尊敬人民，永远做群众的小学生，做人民的勤务员。

（本文选自《雷锋日记》）

雷锋在武汉长江大桥留影

我与雷锋的友情

口述/张训社　整理/刘卫霞

节假日，雷锋是孩子们的辅导员

我在二十岁那年光荣地加入了中国人民解放军，而那一年，雷锋也入伍了。入伍后，我被分到了位于辽宁省的某部队，从那一刻起，我与雷锋便结下了不解之缘。

因为我所在连队和雷锋所在连队的驻扎营区离得非常近，只有几十米远的距离。由于离得近，战士们之间经常见面，同年出生并且同为班长的雷锋和我自然也熟悉起来。

雷锋是个特别开朗的小伙子，整天都乐呵呵的，没事时喜欢四处“溜达”。一个星期天的早晨，我正拿出信纸准备给家人写信时，雷锋过来了。“张班长，我带你出去‘玩’去。”雷锋神秘兮兮地对我说。由于很好奇，所以我就跟雷锋一起出去了。

在营区附近的一户老乡家门前，我们停了下来。那是一户农村五保户，天气干旱，这家的田地都龟裂了，急需浇水，而家中却没有年轻的劳动力。雷锋说：“走，我们去挑水，给地里浇浇水。”我这才明白，原来，这就是雷锋所谓的“玩”。于是，两人忙活了一个上午，为老乡家的田地浇了水。当老乡挽留我们吃饭时，雷锋说什么也不吃，和我一起

雷锋在练习投掷手榴弹

回到部队。

雷锋似乎总是“闲”不住。又是一个周末，那天的天气非常热，雷锋找到我说：“走，我们出去一趟。”

在一位老乡家的田地前，我们看到田里的麦子已经熟透了，再不收就要耽误了。雷锋说：“张班长，我们帮着收吧。”看到那一大块田地，我有些犹豫地说：“这么大一块地，我们什么时候能割完？”雷锋笑笑，说：“咱们慢慢来。”拗不过雷锋，我只好答应了。

于是，我俩冒着酷暑，在地里干了近一天时间，割了近一亩地的麦子，并且帮着老乡把麦子捆扎好。干完活后，在回去的路上，我抱怨说自己走不动了，雷锋做蹲状，说：“来，我背着你走。”弄得我哭笑不得。由于回去晚了，两人吃了顿剩饭。

在那个艰苦的年代里，雷锋的乐观主义精神和无私奉献、助人为乐的精神深深感染了我，使我对这位战友有着深刻印象和特殊情感。那时雷锋经常对我说：“要活得有价值，要为人民服务……”

1962年，由于我所在部队调至山东淄博，随即我离开了辽宁，从此，我们便失去了联系。后来，我听到雷锋因公殉职的消息时万分难过，为自己失去这样一位年轻的好战友感到惋惜。雷锋的每一句话、每一个笑容总是萦绕在我的脑海中。1970年，参军十年的我复员了，被分配到宁夏，在原西北煤机二厂当了一名工人。带着部队培养出的优良作风，我勤勤恳恳工作，而我也始终不忘像战友雷锋一样去帮助他人。

（本文选自宁夏新闻网）

雷锋同志生前在运输连担任班长，带领全班战士在八个月中安全行车两万多公里

让雷锋精神永放光芒

口述 / 赵明才　整理 / 胡　芳

雷锋生前战友赵明才

赵明才，男，1936 年 11 月出生于江苏溧水。1955 年 6 月加入中国共产党。1956 年 1 月应征入伍，历任战士、班长、排长、连指导员、干部股长、营教导员、团副政委、县人武部政委、县委常委等职。1990 年退休，任中华雷锋文化促进会顾问、南京市志愿者协会副会长、溧水关工委副主任、杭州雷锋事迹纪念馆顾问、荣誉馆长等。

1960 年 11 月，我作为先进基层干部代表（工兵七团排长，沈阳军区学习毛主席著作积极分子），雷锋作为优秀战士代表，同时出席沈阳军区工程兵党委召开的连队政治工作会议。会上，我做了学习毛主席著作体会的汇报，雷锋作了忆苦思甜的报告，并双双被评为标兵。这是我与雷锋第一次见面。

当时雷锋才二十岁，入伍还不到一年，而我比雷锋大四岁。由于我们身世相同，理想相同，会议期间又同住一个房间，所以我们十分谈得来，很快就成为形影不离的好朋友。

在我的记忆里，雷锋穿着洗得发白的军装，个头不高，但长得很结实，也很英俊，一张娃娃脸，一笑两个酒窝，

说起话来声音洪亮，操着一口很浓的湖南口音。雷锋很谦虚，他礼貌地称我为“赵排长”。我也十分喜爱这个小弟弟，亲切地叫他“小雷”，我们亲如兄弟。

会议间隙，我们俩经常找一个安静的地方谈学习、谈工作、谈理想，还一道帮助服务人员打水、扫地、冲厕所。会后，虽然我们回到各自的连队，但双方建立了书信往来，并经常通电话，感情与日俱增。

我与雷锋第二次见面，是在1961年4月24日，雷锋来旅顺到我所在的团做忆苦思甜报告。团首长考虑到我与雷锋的友情，特意安排我接待并陪同雷锋。我们一见面，雷锋就谦虚地说：“赵排长，你入伍时间比我早，经验比我多，我讲得不对的地方，你要多批评，多帮助啊！”虽然他有些担心，但是他的这堂阶级教育课讲得十分生动深刻。

事隔三个月，也就是1961年7月，我到黑龙江省佳木斯市接领新兵任务。恰巧，雷锋也在该市的工厂、学校作巡回报告。一天中午，在市机关的招待所餐厅，我们不期而遇。他一见我，马上跑过来跟我握手：“赵排长，这几个月来，我一直都很想你。你现在的工作忙不忙，学习还好吧？”我兴奋地说：“这一年多时间里，我从你身上学到许多好经验，启发很大啊！”这次他向我说了许多心里话：“赵排长，我这段时间有点苦恼，因为经常在外面作报告，精力分散不少，班里个别人有意见。我希望少作点报告，多抽点时间学习、工作。报纸上对我宣传得太满了，有人说‘雷锋没有缺点了’，我感到很尴尬，这不利于我和同志们相处，也不利于我的成长进步。”从他的身上，我总能看到谦虚的美德。

有一天早晨，我和雷锋捧着刚刚出版的《毛泽东选集》第四卷，在清澈的小河边交流了学习体会。我对他说：“我文化水平低，读毛主席的书经常遇到困

雷锋给小朋友讲革命传统

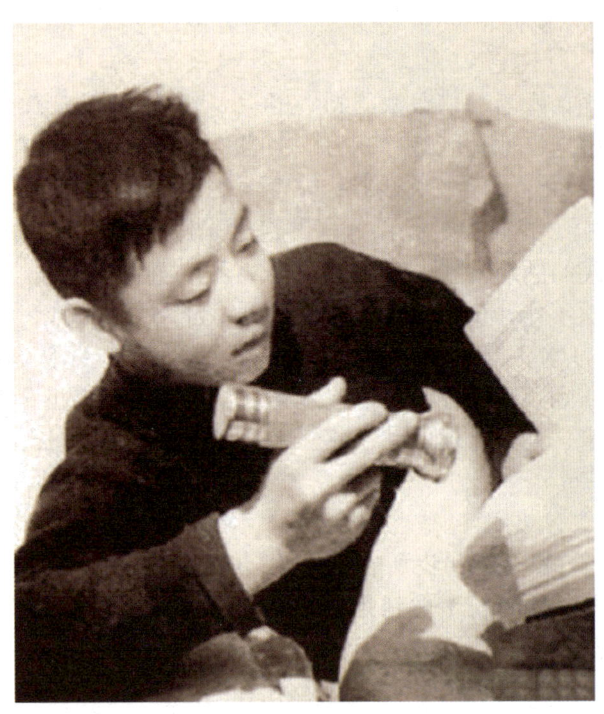

雷锋用手电筒在夜间认真学习《毛泽东选集》

难，因此，只有比别人起得早点，睡得晚点，抓紧时间学习才行。”雷锋歪着脑袋想了想，赞同并鼓励我说：“学理论、学政治，读毛主席的书，一定要有钉子精神，只要有‘挤’劲和‘钻’劲，总会有收获的。”雷锋勤于思考，后来把这次交谈写进日记，成为流传甚广的至理名言。

1962年8月15日，雷锋同志不幸因公殉职，这让我很难过。上级组织安排我作为雷锋生前好友代表，参加军区举行的公祭雷锋同志大会。我含着眼泪，携带着花圈、挽联，连夜从旅顺赶到抚顺市。走进灵堂看到雷锋遗像上那双炯炯有神的眼睛，我的眼泪簌簌地滚落下来。

从结识雷锋到今天，时间虽已过去多年，但雷锋的形象和精神，犹如一座丰碑深深地刻进我的内心。在离开雷锋的岁月里，从东北到西南，从国内到国外，从野战部队到地方武装部，从在位到退休后，我都把雷锋作为自己的参照，时时以雷锋为榜样。我坚定地认为，做人就要做雷锋那样的人。

五十多年来，我学习雷锋最深刻的体会是：学雷锋重要的不是理论问题，而是实践问题。要高在认识上，学在根本上，重在行动上，乐在奉献上，贵在坚持上。我坚信过去要学雷锋，现在还要学雷锋，将来更要学雷锋，要让雷锋精神永放光芒！

（本文选自《大江晚报》）

“雷锋车”的故事

口述 / 乔安山　整理 / 连晨晖

雷锋同志生前战友乔安山

雷锋帮助乔安山学习毛泽东著作

雷锋和战友学习《毛泽东选集》

1961 年 6 月，雷锋担任抚顺市建设路小学少先队辅导员时，辅导三年级 3 班学生

连云港汽车站长途服务组

老班长，你可知道？自从你离开我们后，毛主席发出向你学习的号召，连云港汽车站长途服务组的姐妹们是从三根扁担开始向你学习的。从新浦火车站到汽车站只有半公里，不算太远，可对携带行李较多和老、弱、病、残的旅客来说，却是一段较为艰难的路程。

当时，姐妹们想，如果能为旅客们免费接送行李，搀扶老人，不是向你学习的最好行动吗？姐妹们说干就干，就自发成立了向你学习的小组，用三根扁担每天到离汽车站五百多米远的火车站义务为转车旅客接送行李。

老班长，你可知道？姐妹们心眼真多，干了半年后，心想，光给旅客拉行李还不行，旅客有的是病、残，有的是老人，怎么办？她们向车站领导建议买辆平板车，领导们立即给她们添了一辆。几年后，为了能为旅客做更多的好事，她们又用上了脚踩的三轮车，被旅客亲切地称为“雷锋车”。

老班长，你可知道？“雷锋车”一拉就是12775个日日夜夜，行程加起来可以绕地球走了两圈。走了这么长的路，她们的故事说也说不完，道也道不尽啊！下面我讲几段给你听：

一个风雨交加的夜晚，候车厅里匆匆走进一位神情紧张的老人。服务员小许、小滕与同伴们一边不住地安慰老人不要着急，一边询问详情。原来，这位远道而来的老人是从陕西到新浦看望多年未见的弟弟的，由于城市建设变化大，他连该走哪条路都记不清了。安排老人稍作休息，小许她们便把老人扶上“雷锋车”，拉上行李，按照他模糊记忆中的地址，开始一街一巷地寻找。

后来，风雨越来越大。姐妹们不顾自己淋湿，为老人撑起雨伞，一条路、一条街地找、问，在昏暗的光线下她们小心翼翼地敲开一家又一家的门。“没有听说”“不知道”，整整寻找了几个小时，仍然毫无头绪。看着姐妹们执着的态度和顺着她们头发往下滴的雨水，老人感激地颤声说道：“姑娘们，甭找了，别淋坏了身子。”

就这样，她们从天黑找到深夜，又从深夜一直寻找到凌晨两点钟，不知道走了多少路，问了多少人。最后，终于在当地一位老者的指点下，在城西六公里的地方找到了老人的弟弟。老人的弟弟及其一家人见到久别重逢的亲人，看到为此奔波了大半夜的“雷锋车”和姐妹们，惊喜夹杂着感激，一时竟说不出话来……

1992年2月的一天早上，时值隆冬，天寒地冻，西北风呼呼地刮个不停。

此时，市汽车总站的候车室里一位年轻的孕妇脸色蜡黄，身旁的丈夫急得团团转，不知道如何是好。服务员小朱赶忙上前询问，一看到孕妇的大肚子就明白了，亲切地问：“大嫂，你是不是要生了？”孕妇点点头。她丈夫说：“我们准备乘车回涟水老家的，谁知道在这里就要生了。这人地两生，无依无靠，怎么也得坚持到家呀。”“你们不能走，太不安全了。别的不用管，就当我们这儿是你们的家。”随后，孕妇被小朱和其他几名服务员扶到“雷锋车”上，以最快的速度送到医院。中午12时10分，产房中传出了婴儿的啼哭声，守候在外的婴儿的父亲陆庆伍泪如泉涌，握着班长滕士花的手，半天才说出一句话：“俺不过是个农民呀……”

产妇王秋荣回到病房刚躺下，红糖、胡椒拌鸡蛋的热汤已端到床前，并被一勺一勺地喂到她嘴里。王秋荣望着守在一旁的服务员小盖说：“大姐，给俺孩子起个名字吧。”小盖稍加思索：“叫‘路平’好不好？一路平安。”王秋荣含着眼泪连声说：“好，好，路平！”孩子的奶奶闻讯赶来后，流着感激的热泪，抱着孩子，又按照习俗给孩子起了个乳名叫“车站”，说是要用这个名字记住车站的恩德。

1996年3月19日，乍暖还寒，夜雨如针刺人。山东省莒南县王家炕村的流浪汉王廷记，流落到新浦汽车站，蜷缩在候车厅的屋檐下。上早班的郝芳萍和小张发现了他，给他端来了两碗热粥和几个馒头。王廷记流下了两行热泪。因家境特别贫困，自己又有病不能劳动，妻子与他离了婚。他感到无望，便留下遗书，丢下一双儿女，离家出走，准备在异乡寻短见。

车站的干部、同事和姐妹们闻知此事，深为同情，不到半天时间，便捐款五百元。一个“跨省送温暖工程”也在她们中酝酿。郝芳萍利用公休时间乘车来到王廷记的家中，给予温暖的关怀和帮助。从此，王廷记家的院子里，常常传来阵阵笑声。电灯装上了，门窗修好了，锅灶冒烟了，孩子又背起书包上学了。

老班长，你可知道？她们是真心实意地向你学习，她们不但自己做出了样子，还教育子女也要向你学习。

长途服务组一个叫朱秀兰的大姐，事迹才感人呢。从进站的第一天起就与“雷锋车”相伴，一起走过了十五年。日常工作中，她以善良、和蔼、热情和宽容赢得了旅客的称赞，被她领回家服侍、照顾的老人就不计其数。

1983年初，她不幸身患癌症。手术后，伤口还没痊愈，她就又回到组里拉起了“雷锋车”。随着病情的不断恶化，她的身体状况一天不如一天，领导和组里同伴不让她拉车了，她流着泪找到了当时的党支部书记宋燕南：“我知道自己的生命快要结束了，让我最后再拉几次‘雷锋车’吧，重的东西不能拉，我就拉轻的，我实在是舍不得离开同伴们和这辆车呀！”车站领导眼含热泪劝阻她，安慰她。可是，第二天清晨，她又第一个来到了“雷锋车”旁……

朱秀兰与“雷锋车”朝夕相伴，拖着病体，以惊人的毅力，迈着坚韧的步伐，微笑着为一批又一批旅客服务。在这段时间中，她收到旅客的表扬信两百多封。然而，无情的病魔却在三个月后夺去了朱秀兰三十七岁的宝贵生命！

朱秀兰在去世之前，把女儿肖彦叫到病床前，让女儿一定要接好班，拉好车。女儿遵照母亲的遗嘱，又站到了妈妈曾经无数次拉过的“雷锋车”旁，接过这融进先辈心血和汗水的“传家宝”，风雨无阻地穿行在广大的旅客中间。

老班长，你可知道？“雷锋车”拉到今天，三轮车就换了六辆，轮胎不知磨破多少只，换了多少只，人也换了六茬，队伍也壮大了，原先只有六人，现在已经有了二十二人了。但是，这风风雨雨、坎坎坷坷的三十五年，她们也不容易啊。她们也有过苦恼，也有过彷徨，也有过不被理解的时候。特别是在市场经济的今天，有人嘲笑她们：“傻不傻，什么年代了，还学雷锋？”有些昧良心的人，还推翻她们的车子，说是把他们的生意抢走了，你说气人不气人？

老班长，你放心，站里领导支持姐妹们，市里领导支持姐妹们，全社会都支持姐妹们。他们都说：时代需要“雷锋车”，旅客需要“雷锋车”，搞市场经济同样需要“雷锋车”，助人为乐的传统不能丢，雷锋精神不能丢。

老班长，我可以欣慰地告诉你，“雷锋车”的姐妹们都很光荣。她们得的奖牌就有两百多块，用“雷锋车”装也装不下；收到的感谢信达二十多万封，可以用车载船装；她们有两百多人走上了各级领导岗位，有两百多人成为共产党员、共青团员；有三十多人成为全国、省、市劳模，还有两位当上了全国人大代表呢！可以说，“雷锋车”虽小，但是，它是一个大学校，大熔炉，谁进了这个熔炉，谁就是一块好钢。

老班长，“雷锋车”现在名气可大了。你的精神，已经化成亿万人民乃至几代人的思想和行动。

从报纸上看到“雷锋车”事迹的山东省日照市虎山乡青年张兵，在即将入伍时给车站领导写来一封热情洋溢的信，表示入伍后要像拉车的姐妹们那样，做一名雷锋式的好战士。

海滨疗养院一位退休的医生，自发背着药箱来到汽车站义务为旅客看病。

锦屏磷矿的一位青年工人，在三个春节，利用假期到车站义务为旅客服务。

连云港市铁路小学的一名学生在救出了一个落水儿童后，有人问他：“你为什么会这样做？”他回答：“是从拉‘雷锋车’的阿姨身上学的。”

1996 年 5 月 4 日，“雷锋车”在接送旅客途中，一辆陕西的军车主动停下给“雷锋车”让路，车上军人还下车对着“雷锋车”和姐妹们恭恭敬敬地行了个军礼。

“雷锋车”接送旅客行进在道路上，遇到放学的学生们，总是受到他们夹道鼓掌欢迎。

1996 年暑假，连云港市化工高专的同学们自发组成志愿者队伍来车站服务，参与拉“雷锋车”的社会实践。越来越多的人注视着“雷锋车”，钦佩着“雷锋车”，紧紧跟随着“雷锋车”……

老班长，你已经离开我们多年了，但你的精神，你的思想却永驻我们心中，并不断地发扬光大。

雷锋精神永存

自1963年3月5日毛泽东等党和国家领导人题词、发出“向雷锋同志学习”的伟大号召后，每年的3月5日成为“学雷锋纪念日”。从此，人们高声唱着“学习雷锋好榜样”的歌曲做好人好事。

老一辈革命家董必武于1963年2月作诗称赞雷锋：

有众读毛选，雷锋特认真。
不惟明字句，而且得精神。
阶级观清楚，劳动念朴纯。
螺丝钉不锈，历史色长新。
只做平凡事，皆成巨丽珍。
普通一战士，生活为人民。

1990年3月5日，江泽民等党和国家领导人分别题词，号召全国人民进一步向雷锋学习，弘扬雷锋精神，为建设具有中国特色的社会主义而努力。

在广泛持久开展学习雷锋活动中，全国、全军各部队和全国各条战线上涌现出大批雷锋式的英雄模范人物。

雷锋精神培育着一代又一代新人成长。

弘扬雷锋精神及其当代价值问题研究

——关于雷锋精神的系统思考

文 / 楚国良

雷锋 1960 年春节留影

雷锋精神的产生具有深刻的社会历史条件

第一，雷锋精神是社会主义政治、经济、文化的产物。

中华人民共和国成立后，我国确立了人民当家作主的政治制度；1956 年社会主义改造的完成，建立了公有制的经济基础；在革命和建设的实践中，马克思列宁主义和毛泽东思想的指导地位也在我国人民群众中逐步确立起来。社会主义的经济、政治、文化条件的确立，极大地改变了中国人民的精神面貌。一个社会主义的中国屹立在东方，以崭新的面貌出现在世界民族之林。但是反映这个时代的一代新人到底是个什么样子？这种新人的精神状态是什么样子？无论是过去的战斗英雄还是经济恢复时期的模范，都很难典型地体现这一代新人的面貌。雷锋的出现，正是这个新的社会和新的时代各方面条件孕育的结果。

第二，雷锋精神是社会主义社会教育和实践的产物。

部队首长辅导雷锋学习

拉手风琴的雷锋

雷锋经常在休息期间帮战友洗衣服

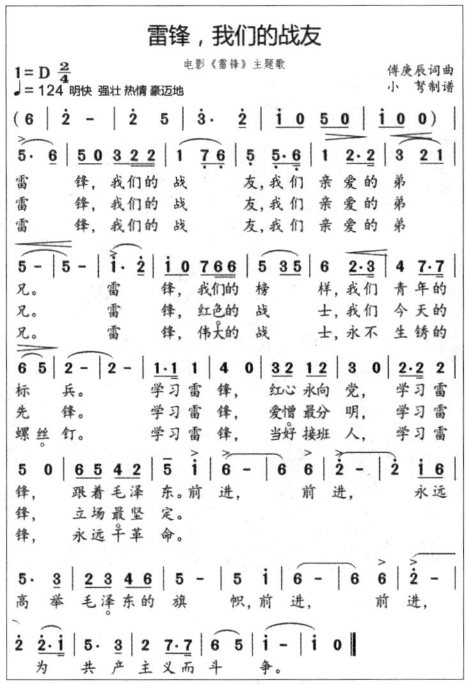

故事影片《雷锋》主题曲

雷锋与一切革命道德传统的模范人物一样，具有“毫不利己、专门利人”的特点。他的思想不是天生的，而是在具体的实践活动中形成的。雷锋的一生虽然短暂，但他接受了新中国的学校教育，特别是懂得认真学习和实践当时最先进的、中国化的马克思主义——毛泽东思想。雷锋得自毛泽东思想的精神财富是显而易见的。同时，他又在工作中经受了实践锻炼，因此逐渐成长为一个具有社会主义和共产主义觉悟的模范人物。雷锋的言论和行动，与旧社会体现的“人性是自私的”谬论划清了界限。他不愧为马克思列宁主义、毛泽东思想哺育的战士。

第三，雷锋精神是社会主义国家新型人际关系孕育的产物。

雷锋作为一个典型的社会主义新人的出现，与其周围的社会环境和具体经历有关。他对人民像春天般的温暖，对敌人像冬天那样严酷，对个人主义像秋风扫落叶一样无情。这样爱憎分明的立场，推动他把有限的生命融入无限的为人民服务中去。他到处助人为乐，到处做好事。他表现了对人民的真诚热烈的爱。这种热烈而真挚的爱，其实来自新社会体现的社会主义人际间的温情。雷锋在旧社会体验到的是私有制社会的残酷和冷淡，他的父母和其他亲人相继在旧社会去世。这个孤儿体验到了旧社会的黑暗和专制。新社会建立后，他得到了党和政府的关心和哺育，到处充满了他不曾想象到的关爱和真诚。雷锋在旧社会形成的冰凉的心被新社会人民大众的互相关爱暖化了。面前这个新社会使雷锋充满了希望，他觉得自己无论怎么奉献都无法报答这个社会带给自己的关爱。他忘我的奉献、高度的道德责任感，都是从这里涌流出来的。人民对他的爱，唤起了他对人民的无限热爱。这种对人民无限的热爱，又转化为他为人民服务的高尚精神。

以上几个方面是雷锋精神产生的社会基础和基本条件。只要这些基本条件存在，雷锋精神就有传播和发展的内在力量。

雷锋精神的科学内涵

关于雷锋精神的科学内涵，李长春在纪念学雷锋活动四十周年大会上的讲话和《人民日报》2003 年 3 月 5 日的社论《发扬光大雷锋精神》中做了概括和总结：

学习雷锋，就要像雷锋那样，志存高远，胸怀宽广，牢固树立远大理想。共产党员、共青团员尤其要切实增强责

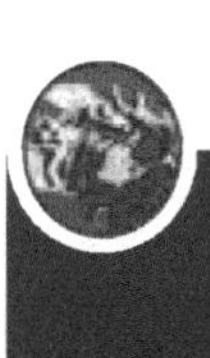

连队指导员辅导雷锋学习

雷锋在教小学生打算盘

雷锋在刻苦学习

雷锋参加劳动的时候十分积极

雷锋在剪报

雷锋捡粪支援农业生产

任感和使命感，为全面建设小康社会，实现中华民族伟大复兴，贡献自己的智慧和力量。

学习雷锋，就要像雷锋那样，紧跟时代步伐，永不满足，永不懈怠，发奋学习。要认真学习马克思列宁主义、毛泽东思想、邓小平理论和“三个代表”重要思想，学习同自己业务有关的经济、政治、科技、文化等方面的知识，更好地适应改革开放和现代化建设的需要。

学习雷锋，就要像雷锋那样，保持谦虚谨慎、不骄不躁和艰苦奋斗的作风，做一颗永不生锈的螺丝钉，在平凡岗位上兢兢业业、努力工作，在日常生活中勤俭朴素、厉行节约，坚决反对贪图享受、铺张浪费的不良风气，用自己的诚实劳动创造美好的生活。

学习雷锋，就要像雷锋那样，大力弘扬文明新风，用实际行动促进团结友爱、诚实守信、助人为乐、见义勇为的良好社会风气的形成，自觉做中华民族传统美德的传承者、社会主义道德规范的实践者、新型人际关系的倡导者。

以上内容可以概括为四点：（1）社会主义、共产主义的远大理想；（2）勤奋学习，特别是学习马克思列宁主义、毛泽东思想；（3）谦虚谨慎，不骄不躁，艰苦奋斗；（4）积极推进社会主义精神文明。可见，这些内容正是五十年来广大群众所理解的雷锋精神的十分重要的内涵。雷锋是社会主义公民的榜样，是共产主义的战士。只有在新的形势下，保持对雷锋精神的正确理解，才能使雷锋精神长驻。

雷锋精神的基本特征

雷锋精神具有与时俱进的品质。雷锋精神的基本内涵，在我国从计划经济到市场经济的转型中，从步入小康社会向全面建设小康社会的转变中，不断地得到丰富和升华。雷锋精神的时代特征表现为时代性和民族性的统一、先进性和群众性的统一、实践性和拓展性的统一。在当今这个世界格局发生深刻变革的新形势下，学习传承好雷锋精神，首先应该准确把握雷锋精神的时代性。

1. 时代性与民族性

雷锋精神具有鲜明的时代性。雷锋精神的时代性，突出地表现在它与时俱进的时代内涵上。时代造就了雷锋精神，雷锋精神又发展着时代精神。它形成于二十世纪六十年代我国社会主义制度确立后的大规模社会主义建设时期，发展于建设中国特色社会主义的伟大实践中。雷锋精神与时俱进的特征，正是顺应时代和社会发展潮流的，具有鲜明时代内涵的新思想新精神新风尚。它紧跟时代的步伐，不断地增添鲜活的时代内容，展现着时代的风采，折射着时代的光芒。

雷锋精神具有浓厚的民族性。雷锋精神的民族性是指它吸纳了中华民族传统文化的精华，秉承了中华民族的传统美德。中华民族传统文化的精华，比如“富贵不能淫，贫贱不能移，威武不能屈”“天下兴亡，匹夫有责”“鞠躬尽瘁，死而后已”等，蕴含着中华民族深厚的文化底蕴，这些正是雷锋精神产生的文化根基和思想来源。雷锋精神是以国家与集体利益为重的责任感，自强不息、顽强拼搏的进取精神，先人后己、助人为乐的道德情操等，无不体现着中华民族传统文化的博大精深。

2. 先进性与群众性

雷锋精神的先进性，反映在它对崇高的理想目标的追求上。雷锋精神所具有的内在价值在于它包含着当代共产党人的崇高追求和境界，充分体现了共产主义的世界观、人生观、价值观，具有经久不衰的时代影响力。雷锋精神源于当代，但它的意义和影响却远远超越了它所处的时代，被实践确立为社会主义道德的典型体现。它深刻揭示了社会精神文明建设和发展规律，揭示了人的自由和全面发展的价值导向和路径，体现了历史发展的趋势和要求，是推动社会进步的永恒精神动力。

雷锋精神具有广泛的群众性。雷锋精神的群众性是指雷锋精神的现实性、群体性。雷锋精神形成和发展于当代，当代人的精神价值的指向和需求，决定着雷锋精神价值实现的效能和客观认同度。由于雷锋精神的核心是代表最广大人民群众的根本利益，它集中反映着人民群众现实的愿望和要求，也就必然在实践上具有较强的可接受度，使之由个人精神发展成为群体精神。

雷　锋

雷锋精神价值的现实最佳境界既不是望尘莫及，也不是触手可及，而是先进性与群众性的完美结合。这种精神既是高尚的，代表着先进文化的前进方向和人类的最高理想；同时，又是现实的，投影和聚焦着现实社会生活普遍可见的文明之光。

3. 实践性与拓展性

雷锋精神具有强烈的实践性。雷锋精神价值实践的基本特征是合规律性和合目的性的统一。主要表现在雷锋精神的言行一致、德才统一上。雷锋精神的可贵之处，就在于平凡之中见伟大，细微之处见精神；雷锋精神的人格价值在于把高尚的共产主义道德修养和苦练为人民服务的本领相结合。它体现着平凡人生和伟大人格的完美统一。

雷锋精神具有广阔的拓展性。雷锋精神的价值维度和功能在于它的延伸性和发展性。雷锋精神的产生和发展既是一个历史过程，又是一个由个别到一般、由局部到全局、由中国到世界的过程。从历史的角度来看，雷锋精神的价值在于传承中华民族的优秀传统文化，体现当代社会主义的先进文化，昭示未来社会的精神文明。从空间的视角上看，人民军队是雷锋精神价值得以实现和扩展的重要载体；中华民族的文化底蕴、中国特色的社会主义精神文明建设，为雷锋精神价值的实现和提升提供了广阔的人文空间；全国人民乃至世界人民共同的道德追求，则奠定了雷锋精神价值得到实现和延伸的坚实社会基础。

雷锋精神又是实践性和拓展性的统一。雷锋精神以实践为基础，以拓展为目的。离开实践性，雷锋精神的价值就不会得以实现；离开拓展性，雷锋精神的价值就不会得到提升，就必然会失去生命力。由此可见，实践性和拓展性的统一，正是雷锋精神的本质特征。

新形势下弘扬雷锋精神的主要途径

雷锋和这个名字所蕴含的精神感动，激励了一代代人，成为全国人民共同遵循的精神象征和价值坐标，而富有时代价值。在今天大力践行社会主义核心价值体系，不断提升全社会的道德水准，构建和谐社会的背景下，弘扬雷锋精神，既是时代的呼唤，也是当代社会的现实需要。

1. 弘扬雷锋精神，就是要学习雷锋爱党爱国的坚定信念

理想信念是雷锋精神的核心和灵魂。雷锋是一个坚定的共产主义者，忠于党，忠于社会主义。坚定的理想信念根源于对毛泽东思想的学习和运用，他认真学习《毛泽东选集》，深刻体会到学习得越深，思想越开朗，理想越远大。正如他在日记中写的那样："我就长着一个心眼，我一心向着党，向着社会主义，向着共产主义。"雷锋精神闪耀着共产主义信仰的光辉，这是他立场坚定，无私奉献，永远跟党走的内在动力。

改革开放以来，特别是新世纪新阶段，有些人奉行"金钱至上""个人主义"，导致拜金主义泛滥，理想信念淡薄，价值观念扭曲，严重地扰乱了人们的思想，影响了社会的健康发展。邓小平同志教导我们"过去我们党无论怎样弱小，无论遇到什么困难，一直有强大的战斗力，因为我们有马克思主义和共产主义的信念。有了共同的理想，也就有了铁的纪律。无论过去、现在和将来，这都是我们的真正优势"。革命年代如此，改革开放、建设中国特色社会主义同样离不开共产主义的理想和信念所形成的凝聚力、战斗力和号召力。

2. 弘扬雷锋精神，就是要学习雷锋服务人民、助人为乐的宝贵品格

雷锋时刻把个人的利益同人民的利益、他人的利益联系起来，把自己的一切无私奉献给社会、奉献给他人。他在日记中这样写道："一个人的生命是有限的，但为人民服务是无限的。我要把有限的生命投入到无限的为人民服务之中去。"

有人说，雷锋精神过时了。在市场经济的背景下，人们的物质利益观念强化了、价值观念强化了、竞争观念强化了，无私奉献精神淡化了、助人为乐的精神淡化了、个人主义思想膨胀了，等等，有些人公然把功利主义和等价交换原则用于政治生活和日常工作，固然我们可以用经济的、行政的、法律的手段去调整现实生活中存在的现象和矛盾，

雷锋给灾区人民写慰问信的情景

雷锋向神枪手雷凯同志请教步枪射击的要领

雷锋向下连的将军请教问题

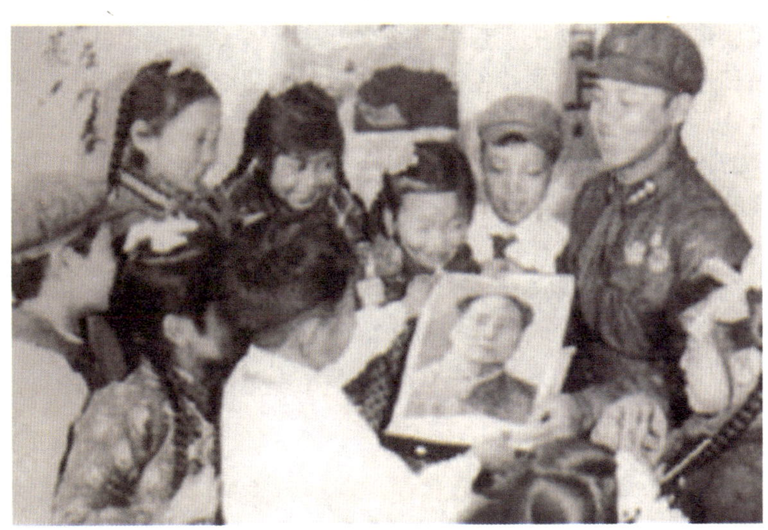

雷锋向建设街小学的孩子们赠送毛主席的彩色画像

但是毫不利己、专门利人的道德作用同样不可忽视。深入开展学雷锋活动，用雷锋公而忘私、先人后己、团结友爱、助人为乐的崇高思想教育党和群众，是践行社会主义核心价值体系，构建和谐社会必要而又紧迫的任务。

3. 弘扬雷锋精神，就是要学习雷锋敬业奉献的高尚情操

敬业奉献高尚情操是雷锋精神价值体现。“如果你是一颗最小的螺丝钉，你是否永远坚守在你生活的岗位上”，《雷锋日记》中这样脍炙人口的语句在市场经济的浪潮中依然闪耀着道德的光芒。“做一颗永不生锈的螺丝钉”是雷锋的名言，也是雷锋的行为准则。在汽车兵的岗位上，他干一行、爱一行，专一行、精一行，爱岗敬业，无私奉献，甘当革命的“螺丝钉”，顾全大局，忠于职守，拧在哪里就在哪里发挥作用。他深信“一滴水只有放进大海才能永远不干，一个人只有当他把自己和集体融合在一起的时候才能有力量”。“螺丝钉”精神体现的是爱岗敬业，无私奉献，体现了一种责任意识和担当精神，反映了求真务实的扎实作风。在改革开放，实现中华民族伟大复兴的历史进程中务必大力提倡和发扬。建设中国特色社会主义伟大事业，需要千千万万个像“螺丝钉”一样的建设者发挥作用，才能汇成变革社会的巨大动力。

4. 弘扬雷锋精神，就是要学习雷锋锐意创新的进取精神

锐意创新的进取精神是雷锋精神的能动表现。可贵之处在于自觉性。雷锋锐意创新的进取精神集中表现在“钉子”精神上，雷锋说：“钉子有两个长处：一个是挤劲，一个是钻劲。”他用这种精神钻研马克思主义理论和科学文化知识，不断提高本领，学会很多技能，工作很出色，多次立功受奖，实现了自己“无限地为人民服务”的人生理想。体现了中华民族“业精于勤，自强不息”的进取精神。建设创新型国家就是需要这一股钻劲、挤劲，党和人民希望涌现更多像雷锋那样具有“钉子精神”的建设者，成为在科技创新、文化创新和工作创新中的自觉推动者，为建设创新型国家作出更大的贡献。

5. 弘扬雷锋精神，就是要学习雷锋艰苦奋斗的优良作风

艰苦奋斗是雷锋精神的重要方面。他严格要求自己：“要记住：在工作上，要向积极性最高的同志看齐，在生活上，要向水平最低的同志看齐。”在雷锋身上充分体现了中华民族的传统美德“勤俭节约，艰苦奋斗”。

二十一世纪以来，全面建设小康社会成为全国人民的主要任务，务必保持中华民族“艰难困苦，玉汝于成”的创业精神，继续发扬艰苦奋斗的优良作风，大力弘扬雷锋精神，彰显其时代价值，践行社会主义核心价值体系。

（本文节选自《弘扬雷锋精神及其当代价值问题研究——关于雷锋精神的系统思考》）

二十一世纪雷锋精神

文/韩 旭

雷锋——人民的好战士

1963年3月5日，毛泽东亲笔题词:“向雷锋同志学习。”一个端着钢枪、头戴棉帽的小伙子——雷锋，走进了千家万户，他的名字也传遍了共和国大地的每一个角落。

虽然他的生命只有短暂的二十二年，却树立起一座永恒的丰碑。四十九年来，每年春天都会开展学习雷锋活动，但不同时代赋予了“雷锋精神”不同的含义。

二十世纪六十年代，“雷锋”两个字成了一切美好事物的化身，雷锋精神成了“真善美”的象征。无论是七八十岁的老者，还是咿呀学语的孩童都在学习雷锋。

二十世纪七十年代中期，在那个特定的年代，宣传雷锋精神强调的是他鲜明的阶级立场和爱憎分明的革命精神。周总理的题词是：向雷锋同志学习，爱憎分明的阶级立场，言行一致的革命精神，公而忘私的共产主义风格，奋不顾身的无产阶级斗志。

在二十世纪八十年代，学习雷锋的“一切行动听指挥”“做一颗永不生锈的螺丝钉”和刻苦学习的“钉子精神”，将雷锋精神用到自己的实际工作中去……这些成为那个时代学习雷锋精神的主旋律。

二十世纪八十年代末至九十年代初，经济改革进入高潮。时代变了，雷锋精神在这一个时期的诠释也就发生了变化。1991年，江泽民在一次讲话中指出:“雷锋精神实质是全心全意为人民服务，为了人民事业无私奉献。”随后，学雷锋活动重点转移到了“在岗位上体现出奉献精神”，先后涌现出不少像李素丽这样在平凡岗位上做出成绩作出贡献的“岗位模范”。

然而在这个年代，雷锋形象的丰满与完整也在这一辈人的心里，被某些刻板印象所取代。雷锋精神在社会中成为艰苦朴素、助人为乐的代名词，但人们对于真正的雷锋精神却很少关注。

二十一世纪，随着时代的进步，科技高速发展，物欲横流。雷锋渐渐淡出了人们的视线，雷锋和他的精神仿佛也已退出了历史的舞台。伴随着社会上出现的一些言论，人们的心中出现了困惑，“现在还有雷锋吗？”“雷锋精神还有必要与我们同行吗？”面对这样的疑问，我们为之震撼；面对这样的疑问，我们何其担忧。因为这不但是对雷锋精神的一种漠视，更是对人生观、道德观、价值观的一种冷漠。

“学雷锋”在本质上是一种道德举动，无论社会多么浮躁、功利之风如何盛行，对助人为乐、与人为善等道德价值的弘扬不能放弃。新时代的“活雷锋”依然存在，七十五岁坚持数十年在天安门广场上捡垃圾的刘玉珍老人，让我们看到了坚守；发现大火时没有独自逃生，而是逐一拍开邻居房门的十二岁小姑娘夏娟，让我们看到了希望。他们或许是二十一世纪雷锋精神的最好注释。

雷锋精神在一代又一代人的诠释下不断升华，它代表着先进的人生观：“做一个对人民有用的人”；高尚的道德观：“活着就是为了使别人生活得更美好”；正确的价值观：“在平凡细小的工作中，干出不平凡的业绩”。它是一股源远流长的精神力量，早已跨越了时代的界限，超越了自身所原有的历史局限，成为先进思想文化的重要组成部分。

无论社会怎样发展，无论时代如何进步，我们都需要雷锋，都需要雷锋精神。在时代车轮高速运转、人类压力与日俱增的今天，留一些时间给我们需要净化的心灵，细细品味和感受雷锋精神的实质。当别人困难时请伸出援助的双手，传播雷锋扶老携幼、扶危济困、助人为乐的精神；在岗位上尽职尽责，高质量、高效率地完成本职工作；传播雷锋干一行、爱一行、专一行的精神；面对人生之路的坎坷，勇敢地披荆斩棘走向成功，传播雷锋艰苦奋斗、自强不息的精神；将国家和人民的利益放在首位，传播雷锋克己奉公、顾全大局的精神。在强调精神文明建设的新世纪，在对美好道德风尚的追求中，更需要倡导雷锋精神，更需要把雷锋精神发扬光大。

其实我们没有经常提及雷锋，并不等于雷锋就远离我们而去。在我们身边，在现实生活中，仍然有无数雷锋式的人在行动着。《感动中国》人物的丛飞为了一句承诺，十几年来一直资助失学儿童，花了百万元，还欠下一身债；进城打工青年魏青刚不顾生命危险三次下海勇救落水者，等等。

现实生活中，雷锋精神也无处不在：帮别人扶起倒下的自行车，帮别人捡起丢在地上的文具盒，帮别人找寻丢失的东西，帮别人提起沉重的行囊，帮别人拾起地上的垃圾，虽是一件件小事，但是从中也可以体现出雷锋精神。

我们的人民怀念雷锋，我们的时代呼唤雷锋。只有出现千千万万个具有新时代特征的雷锋式的新人，我们的时代才能更温情。

（本文选自《京华时报》）

雷锋扶老携幼

雷锋精神的时代内涵

文/王　易

雷锋的证件

服务人民、助人为乐的奉献精神

雷锋精神的实质，就是全心全意为人民服务。雷锋为了人民的事业无私奉献，把帮助别人当作人生最大的快乐和幸福。这种服务人民、助人为乐的奉献精神，是为人民服务人生观的重要体现。

人的本质是一切社会关系的总和。人生活于各种社会关系之中，需要通过为他人服务体现自身的价值。社会越是现代化，对人的这种要求就越强烈。

人民至上是马克思主义的基本观点，全心全意为人民服务是我们党的根本宗旨。无论在革命战争年代还是在和平建设时期，为人民服务的人生观熏陶、感染了一代代革命者和建设者，对我国社会主义革命和建设产生了重要推动作用。只有树立为人民服务的人生观，发扬服务人民、助人为乐的奉献精神，人们才能对人生的目的有更深刻的理解。切实把人民利益放在首位，时时处处为人民着想、以人民利益为重，才能以正确的态度对待人生、对待生活，始终对祖国和人民具有高度责任感，不为私心所扰，才能不为名利所累，不为物欲所惑。

当前，要营造团结友善的人际关系、构建和谐稳定的社会环境、促进形成良好的社会风气，就应教育引导人们自觉用为人民服务的人生观指引人生，把服务人民、助人为乐的奉献精神继续发扬光大，在服务人民、奉献社会的实践中创造人生价值。

干一行爱一行、专一行精一行的敬业精神

雷锋无论在哪里都能自觉服从社会主义建设事业的需要，立足本职，忠于职守，勤勉敬业，精益求精，像一颗永不生锈的螺丝钉，在平凡的岗位上做出不平凡的成绩。

工作对于我们每一个人来说，不仅是谋生的手段和生活的组成部分，也是发挥自身才能、实现人生价值的平台。祖国的富强、民族的繁荣，需要每一个社会成员尽其才、奋其志。把简单的事做好就不简单，把平凡的事做好就不平凡。我们做好工作，就是为建设中国特色社会主义添砖加瓦，就是为实现中华民族伟大复兴铺路搭桥。

在新时期，改革开放为人才的健康成长和合理流动创造了良好环境，为个人施展才华和抱负提供了广阔天地。我们应弘扬雷锋干一行爱一行、专一行精一行的敬业精神，把个人理想同国家的前途、民族的命运有机结合起来，把个人的选择和社会的需要、人民的需要有机结合起来，在具体工作岗位上尽职尽责、发挥积极作用，不负人民、不负时代。

锐意进取、自强不息的创新精神

雷锋不仅是一个脚踏实地的实干家，而且是一个勇于探索的创造者。他在学习和工作上永不满足、永不懈怠，体现了一种锐意进取、自强不息的创新精神。

改革创新是时代精神的核心，表现为突破陈规、大胆探索、勇于创造的思想观念，表现为不甘落后、奋勇争先、追求进步的责任感和使命感，表现为坚忍不拔、自强不息、锐意进取的精神状态。

当今世界正处在大发展、大变革、大调整时期，科技和文化竞争成为综合国力竞争的焦点。谁在科技和文化创新方面占据优势，谁就能够掌握发展的主动权。中央提出了建设创新型国家的宏伟目标，把增强自主创新能力作为发展的战略基点，要求大力推进理论创新、制度创新、科技创新、文化创新以及其他各方面的创新。

大力推进理论创新，应坚持把实践

雷锋辅导小学生陈雅娟

行军途中休息时，雷锋给大家读报

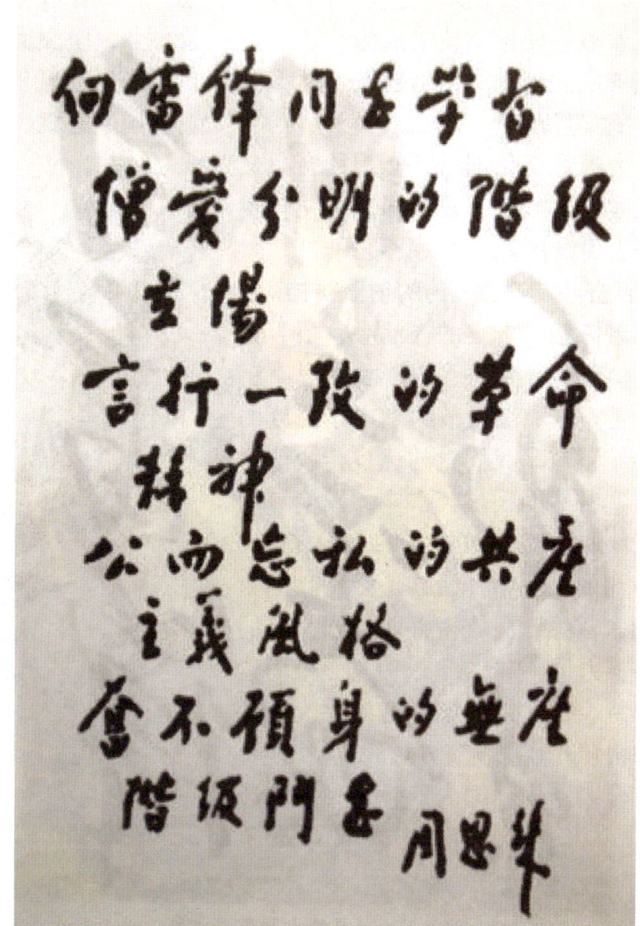

1963 年 3 月，周恩来为雷锋同志题的词

作为检验真理的唯一标准，把思想认识从那些不合时宜的观念、做法和体制的束缚中解放出来，从对马克思主义的错误的和教条式的理解中解放出来，从主观主义和形而上学的桎梏中解放出来，不断赋予当代中国马克思主义鲜明的实践特色、民族特色、时代特色；

大力推进制度创新，不断完善适应发展社会主义市场经济、建设中国特色社会主义要求的各方面的体制机制，进一步解放和发展社会生产力，使中国特色社会主义始终充满生机和活力；

大力推进科技创新，实现科学技术跨越式发展，使科学技术成为我国经济社会发展的强大动力，为建设创新型国家奠定坚实基础；

大力推进文化创新，实现社会主义文化大发展大繁荣，提高国家文化软实力，努力建设社会主义文化强国。

艰苦奋斗、勤俭节约的创业精神

在雷锋精神丰富的内涵中，艰苦奋斗、勤俭节约精神是一个重要方面。

艰苦奋斗、勤俭节约是中华民族的优良传统，也是我们党的优良传统。历史和现实都表明，艰苦奋斗、勤俭节约是成就伟业不可或缺的条件；艰苦奋斗、勤俭节约的创业精神始终是激励我们为实现国家富强、民族振兴而共同奋斗的强大精神力量。“十二五”时期是全面建设小康社会的关键时期，是深化改革开放、加快转变经济发展方式的攻坚时期。

综合判断国际国内形势，我国发展仍处于可以大有作为的重要战略机遇期，既面临难得的历史机遇，也面对诸多可以预见和难以预见的风险挑战。我们既要充分认识我国发展取得的伟大成就，也要清醒看到我国仍处于并将长期处于社会主义初级阶段的基本国情没有变，我国仍是世界上最大的发展中国家，全面建成小康社会、基本实现现代化依然任重道远。我们决不能骄傲自满、故步自封，务必继续地保持谦虚、谨慎、不骄、不躁的作风，务必继续地保持艰苦奋斗的作风，增强忧患意识，始终居安思危，踏踏实实艰苦奋斗，老老实实勤俭创业，坚决反对贪图享受、铺张浪费，讲排场、摆阔气的不良风气，尤其要反对慷国家之慨、挥霍奢侈的腐败作风。

（本文选自《人民日报》）

立足时代主题，充分发掘雷锋精神的当代价值

文/徐茂华　卢　鹏

雷锋在夜校兼职时的留影

把弘扬雷锋精神与实现时代主题联系起来，是全社会学雷锋活动深入持久开展并不断取得成效的关键，也是充分发挥雷锋精神时代价值的题中之意。在和平与发展的时代背景下，“推动科学发展，促进社会和谐”是我们时代主题最为核心的内容，因而推动社会主义市场经济的繁荣与发展成为雷锋精神时代价值的本质体现。在社会主义社会条件下，雷锋精神与市场经济并不矛盾，相反，以共产主义为核心的雷锋精神对以价值规律为基础的市场经济能够产生极大的推动作用。

雷锋精神与社会主义市场经济的发展相适应。发展社会主义市场经济是为了促进生产力的发展，最终目的是消除两极分化和实现共同富裕，从而不断满足广大人民群众对于物质文化生活的不

雷锋在天安门留影

雷锋担任校外辅导员

1958 年，望城县治沩工程工地合影

同层次的需求；讲得通俗一点，就是为广大人民群众服务，以人民群众的根本利益为出发点和落脚点，这与雷锋精神“全心全意为人民服务”的本质是一致的。弘扬雷锋精神与发展社会主义市场经济在中国特色社会主义前提下同样适用。一方面，立足时代主题，弘扬雷锋精神，能够最大限度地激发人们的劳动积极性，引导和激励每个人都发扬大公无私、艰苦奋斗和乐于奉献的精神。尽管我们不能要求每个人都成为“雷锋”，但弘扬雷锋精神能够为社会主义市场经济的持续健康发展提供必要的精神力量并转化为物质资源；另一方面，大力弘扬雷锋精神，能够有效抵制市场经济的负面影响，为社会主义市场经济的健康发展营造良好的社会环境，防止享乐主义、个人主义和极端利己主义等错误思潮对人们的诱导。物质文明与精神文明协调发展正是社会主义市场经济的内在要求，也是雷锋精神时代价值的重要体现。

雷锋精神引导人们选择正确的人生价值取向。什么是人生？选择怎样的人生才是有价值的？这是每个现实社会中的人必须考虑的问题。雷锋用他的实际行动告诉我们：要把有限的生命，投入到无限的为人民服务之中去。因此，雷锋精神不是那种遥不可及的空洞抽象理论，其具有极强的社会实践性，并引导人们在人生发展道路上选择正确的发展方向和科学的发展方法。社会主义市场经济的深入发展，引起人们价值取向的多元发展和道德观念的复杂多变，有些人在金钱和名利面前“低下了头”，把最基本的做人准则和道德规范抛到九霄云外，甚至为追求个人私利而损害集体、社会和国家的整体利益，这种错误的人生价值取向最终不仅毁掉了个人的发展前途，更对整个社会主义市场经济的健康运行造成阻碍作用。“毫不利己、专门利人”的共产主义精神不仅是社会主义市场经济健康发展的需要，也是每个社会个体坚持正确的人生发展方向、实现人生价值的需要；大力弘扬雷锋精神，引导人们理性分析各种利益及其关系，帮助人们正确处理个人与社会与他人的关系，从而实现个人价值与社会价值的有机统一，确保个人的发展方向与整个社会发展的总体方向协调一致发展。

雷锋精神激励青年一代履行肩负的历史使命。青年是祖国的希望和民族的未来，青年大学生更是中国特色社会主义事业的建设者和接班人，如何帮助青年一代传承中华民族的优良传统和先进文化，不断增强其历史责任感和使命感，是新时期时代主题亟待解决的首要问题。

雷锋精神倡导的全心全意为人民服务的奉献精神，其本质就是要求全体社会成员坚持共产主义的共同理想，在正确处理个人利益与集体利益的关系中实现个人价值与社会价值的高度统一，为社会的发展、国家的繁荣和民族的振兴贡献自己的力量。弘扬雷锋精神，结合时代主题对青年一代进行“学雷锋、树典型、当先锋”的共产主义理想信念教育，指导青年站在时代发展和民族富强的政治高度思考、理解和分析当前的国际国内形势，激发青年一代对社会主义现代化建设事业无私贡献的积极性和创造性，促使青年一代勇于承担历史责任，积极履行肩负的历史使命，这是雷锋精神时代价值的又一重大体现。

（本文选自《重庆日报》）

新时代“活雷锋”

随着当代学雷锋活动的深入开展，全国各行各业、各条战线涌现出成千上万雷锋式的先进人物，社会上迅速地出现了一种奋发图强、积极向上的精神，进一步形成了一种良好的社会新风气。

在高原播种希望的格桑花

文 / 李森川

胡忠、谢晓君夫妇

胡忠和谢晓君原来是四川成都市石室联合中学的化学老师和音乐老师。2000 年 8 月，他们夫妇一起去四川省甘孜藏族自治州康定的塔公草原旅游。塔公草原天蓝、地阔，景色美丽，他们还看到了塔公乡西康福利学校那些孩子渴求知识的眼睛。旅行结束，两人在回成都的车上久久沉默，胡忠红着眼圈对谢晓君说："我想来这里支教。"谢晓君一把抓住丈夫的手："你来吧，我支持你。"胡忠以志愿者身份前往西康福利学校任教。临别那天，谢晓君一路流着泪把丈夫送到康定折多山口。

坐了一天半的长途汽车，胡忠终于来到了学校所在地——康定塔公乡。孩子们正围在一起跳锅庄，都穿着红色运动服，很灿烂。看到他，就上来献哈达。后来才知道，为了迎接他的到来，老师

谢晓君和学校的孩子们

和学生们把学校内外都打扫了一遍，还穿上了自己最好的衣服，锅庄和哈达也是特别准备的。孩子们认为，只要他们把最好的一面展现出来，老师就会留下来。这种对老师强烈的渴望，让胡忠既感动，又心酸。

胡忠到校后，一开始教数学和汉语。孩子们还很小，有的一点儿汉语都不懂，他只能从汉语拼音教起。除了教材里的内容之外，胡忠还要教同学们如何与人交流，怎么做才算对人有礼貌，才是一个诚实的好孩子。胡忠还搬到男生寝室里，督促他们洗漱、换洗、打扫房间等。有个小男孩叫香仁，尿床的习惯一直改不掉，每天都要扛着被褥去晒。为了让他养成起夜的习惯，每到凌晨一点胡忠都要下床去叫醒他上厕所。那时候教室是低矮的平房，冬天很冷，胡忠就找来板子把漏风的地方堵住，否则会冻得没办法上课。

课余时间，胡忠当孩子们的足球教练，带孩子们爬山、野营，还教孩子们唱歌，绘声绘色地给孩子们讲神话故事。在思想品德课上，胡忠教孩子要努力成为一个“好人”，“好人”就是对社会真正有用的人。

一天，胡忠抱着吉他给孩子们唱歌，虽然孩子们并不懂唱的是什么，但他们很安静很认真地听，这让他非常感动。胡忠的岗位是小学一年级数学教师，教这里的孩子学数学非常难。很多孩子不会说汉语，而他又不会说藏语，连说带比画才勉强把课上下去。在师资非常短缺的西康福利学校，胡忠先后教过小学和中学的语文、数学、政治、生物、化学和音乐等课程。

学校所在的塔公草原海拔三千八百米，一年里有七八个月的时间在下雪，条件非常艰苦。胡忠每天与藏族孩子们生活在一起，高原上的生活极其艰苦，他因为是一名支教的志愿者，每个月只有三百元的生活补助。即使后来当上了校长，他也没有工资。胡忠说：“大城市里并不少我一个，但藏区真的需要教师。”对孩子的付出，让他感到很满足。

有时，胡忠担心学生没听懂，便揣着很多小纸条，上面写着数学题。他看到学生，就说：“我这儿有道题，你做做

看，给你糖吃。”胡忠常把每月三百元的工资都给孩子们买了奖品。

日子就这样一天天过去了。在成都的妻子谢晓君始终没有等来丈夫回家的消息。因为在高原上，有一群孩子等着他回“家”吃团圆饭。

谢晓君是四川音乐学院钢琴系毕业的大学生，她多次前往藏区去探望丈夫，这里的孩子是那么的尊敬老师，对知识的渴望是那么的强烈，那些纯朴的藏族孩子深深地打动了她。

2003 年，谢晓君也申请到西康福利学校支教。学校实行藏语为主、汉语为辅的双语教学。学校很缺汉语老师，她又不是一个专业的语文老师，必须重新学习。她把年仅三岁的女儿也带到了高原上。然而，到了塔公草原她才发现，那里的孩子还处于脱盲阶段，教他们学习文化知识才是最急迫的事情。

于是，她只能放弃音乐，从自然老师、生物老师到语文老师，寒来暑往，谢晓君那双弹钢琴的手开始变得粗糙了。

福利学校修建在清澈的塔公河边，学校占地五十多亩，包括一个操场、一个篮球场和一个钢架阳光棚。这里是甘孜州十三个县的汉、藏、彝、羌四个民族一百四十三名孤儿的校园，也是他们完全意义上的家。一日三餐，老师和孤儿都是在一起吃的。环境如此恶劣，谢晓君却觉得与孩子们待在一起很快乐。

教师流动过于频繁一直是谢晓君心上的结，她所带的六年级，十一个学期，仅数学老师就换了十任。有一次，谢晓君生病输液期间，有学生跑来问：“有门课的老师走了，怎么办？”她一听，马上翻身坐起来，让学生拔掉输液瓶，就上了讲台。

谢晓君的所有假期都是在学校度过的。她为孩子们排练节目，教唱歌、舞蹈，教汉语，时间长了，她和孩子们的感情越来越深。一年夏天，谢晓君组织福利学校搞歌唱比赛，见一名男同学在练歌时没有伴奏音乐带，就问他为什么？没想到这个大男孩扑入她的怀里伤心地哭了。原来这名孩子的父亲刚刚去世，而按藏族的习俗，在一年内这名孩子是不能唱歌娱乐的。在那个男孩子紧紧依偎在她怀中的那一刻，她被深深地感动了。从此，她把高原当成了自己的家，把这里的孩子都当成自己的孩子。

在家从未踩过缝纫机的谢晓君学着在缝纫机上给孩子们做鞋垫。一双鞋垫她要做半天，但当看到孩子们拿到鞋垫时兴奋的笑靥时，她感到由衷的快乐。

离支教期结束越来越近了，谢晓君身边的孩子都哭红了双眼。“老师，您走了，我们会想您的。”第一个孩子要走了谢晓君的照片，便不断有孩子跑到她的寝室讨要。几分钟时间，谢晓君的标准照就分发一空了。

一天，谢晓君被拉姆拉进女生寝室，看着这个低头不语的女孩子，谢晓君将手轻轻放在拉姆头上：“舍不得离开老师吗？”谢晓君话音刚落，拉姆眼圈红了，她抱住老师的腰哭了。谢晓君说：“来，咱们唱支歌吧。”谢晓君用手打起了拍子，孩子唱起了藏族歌曲，歌声响亮，飘向远方。

2006 年 8 月，谢晓君支教期满，在孩子们的泪光中，谢晓君离开了耕耘三年的福利学校，回到成都。西康福利学校的支教经历给了她一个光环，她感到不安。她想起离开西康福利学校时，孩子们将她围住问：“老师，你什么时候回

谢晓君和藏族孩子们一起跳锅庄

来？”她怕孩子们失望，就说：“很快就回来。”回成都后，福利学校的老师也经常给她写信说，她离开后，孩子们很失落，孩子们期盼她回去教他们。听到这些消息，谢晓君感到有一种歉疚和失落，眼前常常浮现藏区孩子们期待的目光。

2007 年 2 月，实在放不下高原上福利学校的孩子，于是，她把工作关系调进康定的塔公乡，成为西藏康定福利学校的一名汉语教师，并兼任学校少先队辅导员，她要一辈子扎根草原。回到塔公乡后，一所位置更偏远、条件更艰苦的木雅祖庆学校因刚创办，缺少老师，谢晓君主动前往当起了藏族孩子们的老师。七岁的女儿也进入这所学校读书。该学校与胡忠所在的学校相距三十多里路，一家人过起了两地分居的生活。

当初谢晓君带女儿去塔公草原支教，并且要把女儿胡文吉带过去扎根，谢晓君的母亲非常生气地说：“你让孩子待在那样的地方，能学到什么文化知识？”谢晓君难过地流下了眼泪，但她坚持带女儿一起去。谢晓君说：“孩子必须跟着我们，虽然那里苦一点，但要让孩子自己去经历。”女儿在那里生活，非常懂事，她的心灵像水晶一样透明。她在学校当着同学的面称谢晓君为谢老师而不是妈妈，因为有藏族学生是孤儿，怕他们听了会很伤心。

草原广阔，朔风劲吹，康定塔公乡多饶干目村，海拔四千一百米，终年积雪，四排活动房屋和一顶白色帐篷，就

谢晓君在学校操场留影，操场外即是广阔的塔公草原

是木雅祖庆学校简单的校舍。学校没有围墙，从活动房教室的任何一个窗口，都可以看到不远处巍峨的雅姆雪山。不少教室的窗户关不上，寒风吹来，孩子们冻得瑟瑟发抖。

孩子们习惯用最简单的方式表达对老师的崇敬，他们听老师的话，凡是老师布置的作业、交代的事情，孩子们都会认真完成。学校有一些孩子是孤儿，学校将“六一”儿童节定为他们共同的生日，孩子们捧着小蛋糕喊“老师妈妈先吃”。谢晓君把心思全都放在孩子们的身上，每到夜晚，当孩子们入睡之后，她还要查寝，为蹬被子的孩子盖被子。等孩子们都睡熟了之后，她才回到自己的宿舍。

一年级的入学新生年龄小，不懂得什么时间应该去上课，以为只要睡醒了就要上课，经常有七八岁的孩子凌晨三四点醒了，就直接跑到教室等老师。谢晓君很是感慨：“他们有着太多的优秀品质，尽管条件这么艰苦，但他们纯净的心灵是一笔很宝贵的财富。”

这里的孩子们没有零花钱，也没有零食，学校统一服装，老师亲手给孩子们剪头发，没有任何东西可攀比。他们之间不会争吵和打架，年长的同学照顾着年幼的同学，同学之间的关系十分融洽，亲如兄弟姐妹。

每年夏季是当地天气最好的时节，多饶干目一片翠绿，风景如画，老师们会带着孩子们到草地上，娃娃们或坐着或趴着，围成一圈儿，在蓝天下拿着课本大声朗诵。

为了迎接国庆节，谢晓君指挥学生排练她编排的舞蹈《祖国你好》，热情奔放的锅庄配上欢快、激昂的乐曲。舞蹈中同学们举起双手，手掌和十指做出花的手势，四百名同学拼成一朵巨大的花朵，那是格桑花，草原的花朵，是那样美丽。在她眼中，两腮透着高原红的孩子们，像草原上最美的格桑花，幸福地开放。

他们常年坚持做一件事，教好这些藏族牧民的孩子。清晨6点，女教师寝室的门刚一开，夹着雪花的寒风就钻了进来。谢晓君本想洗洗脸、刷刷牙，可水已结成了冰块，无奈只得作罢。谢晓君不得不缩紧脖子，用手扯住红色羽绒服的衣领抵御寒风。吃过早饭，谢晓君往学校走去。脚下一片冰霜，每走一步都要特别小心。早自习的上课铃刚响过，谢晓君就站在了教室里。有七十多个孩子是她的学生。“格拉！格拉！（藏语：老师好）”孩子们走过她身边，都轻声地问候。随后，教室里传出琅琅的读书声。

牧民的孩子大多听不懂汉语，年龄差异也很大。三十七个超龄的孩子被编成“特殊班”，和三年级1班的四十多个孩子一起成了谢晓君的学生。学生们听不懂老师说的话，谢晓君就用手比画，教他们学会汉语拼音，组词造句，接着是反复诵读记忆。令她欣慰的是，孩子们的进步很快，现在都能背唐诗宋词了。

期末考试结束之后，吃过午饭，孩子和老师们开始各忙各的。孩子把教室和寝室里里外外打扫得干干净净。谢晓君在大帐篷里，开始阅卷。又一个学期的教学临近尾声，一张张试卷都能反映出孩子们又掌握了新知识，帐篷里洋溢着一股轻松愉悦的气氛。

学校的孩子们都知道曲桑拉这个学生，但在大家眼里，曲桑拉没有一点与他们不同的地方。曲桑拉真名叫胡文吉，是谢晓君的女儿，也是三年级1班的学生。胡文吉的手被冻得通红，黝黑的脸蛋上挂着两块红彤彤的“高原红”。尽管和妈妈同在一所学校，但她和藏族同学们同吃住，没事不能到大帐篷和寝室找妈妈。谢晓君担心女儿嘴里的话会不经意刺伤其他孩子敏感的心。

西康福利学校的小货车开来了，胡文吉要离开木雅祖庆学校去福利学校，就要见到几个月没见面的爸爸了，胡文吉攥着自己的成绩单，她要把优秀成绩单当礼物送给雪山那边的爸爸。处理完学校的事务后，谢晓君带着女儿回到成都的家，胡忠却依然留在西康福利学校和孤儿们过春节。

胡文吉每次春节从成都回学校，都会给同学们带许多礼物，书本、铅笔、糖果等。女儿的很多举动让谢晓君很欣慰，只要和妈妈住在一起，胡文吉一定会早早上床给妈妈暖被窝。回到成都家里，她会主动帮奶奶和外公、外婆做家务。

每次带着女儿回成都过年，谢晓君的父母一看到消瘦的外孙女和她长满冻疮的小手，必定会责骂谢晓君一顿。胡忠和谢晓君是老师，但也为人子女，为了高原上的那些孩子，他们不能守在年迈的父母身边尽孝。常年繁重的教学任务和高原反应，使夫妻俩身体状况每况愈下，谢晓君还患上了严重的背痛病。医生建议她留在成都治疗，但是如果她不回学校，学生们就没人教。于是，她

谢老师在帮老师们拿馒头

忍受着病痛折磨，坚持返回学校给学生们上课。

寒来暑往，十二年间，胡忠只回过五次成都，他六十八岁的妈妈和八十五岁的外婆相依为命。一提起这些，胡忠便忍不住落泪。他目前是西康福利学校的校长，是一百多名孤儿的“爸爸”。学校就是孤儿的家，即使寒暑假，他也不能离开。

今天的西康福利学校占地五十多亩，篮球场、教学楼等一应俱全。木雅祖庆学校也从最初的六百名学生发展到了一千六百五十名，校舍从四间板房变为面积超过九千平方米的现代化楼房。胡忠教过的学生中，四十四人考上了大学，其中有十多个孩子已经跟胡忠约好，毕业后回到藏区工作。

如今，作为校长的胡忠，身份却仍是志愿者。因为常年的高原生活，刚刚四十岁出头的胡忠已是满头银丝。截至2012年，胡忠十二年、谢晓君五年的高原生活已在他们的脸上刻下了深深的印记——脸颊上两块鲜艳的高原红。

高原的阳光最美，这里的孩子笑容最灿烂，胡忠和谢晓君最喜欢看到孩子们灿烂如花的笑脸，那是祖国的未来和期望。胡忠和谢晓君相信：“爱心是幸福的源泉，爱心会传递下去。”他们会继续坚守在高原，把这份爱延续下去。

（本文选自天津网）

新时期雷锋传人——郭明义

文/高　巍

“活雷锋”郭明义

一本从军营带回的《雷锋的故事》，伴随着他简单而饱满的人生路。尽管已退伍二十八年，他却一直把这本书珍藏在身边，时不时拿出来翻阅。

如今这本1973年出版的小册子，封面虽已脱落，但书里的主人公——雷锋，却深深扎根在他的心里，成为他人生路上的价值坐标。

二十八年来，他的日子过得简洁明快：雷锋以前怎么做，他就怎么做；当年在部队里为他引路的人怎么做，他就怎么做。

面对环境的改变、事业的起伏、人言的纷繁，他选择的始终是坚持，保持的一直是本色。

就这样，在绵延起伏的矿山深处，工友们有了一个无惧风雨的主心骨；就这样，六万毫升的鲜血从他的身体

涌出，去静静守候其他生命的呼唤；就这样，一百八十多名贫困学生和三百多个生活陷于困境的家庭，多了一双温暖他们的大手……

风雨兼程中，他温暖感动别人，也被别人温暖感动。他的不懈坚持与一腔赤诚，得到了社会广泛的认可、真诚的回应、热烈的共鸣，五千八百多人自发加入他所倡导成立的无偿献血、捐资助学、遗体器官捐献等爱心联队。

在这五千八百多人里，有干部、工人、学生，有企业家、农民工、街头小贩……虽然身份、年龄各不相同，却拥有一个共同的名字——志愿者。更令人振奋鼓舞的是，这支队伍的人数，几乎每天都在被刷新。

站在时代的风口浪尖扛旗引路，与越来越多的志同道合者携手同行。他的风范义举，成为千千万万普通人为构建社会主义和谐社会无私奉献、真诚付出的生动写照。

这个不一般的退伍老兵，预备役少校军官，名叫郭明义。

十五年完成二十年的工作量，工友们把他看作是采场的“活地图”，这就是郭明义的执着——“我脚下踩得实，眼睛看得准，大家才能把车开得稳”。

凌晨5时，薄雾掩映下的黑土地，依然还在静静沉睡中。吃完妻子孙秀英精心准备的早饭，郭明义步履匆匆，踏上了前往矿山的道路。担任鞍钢齐大山铁矿采场公路管理员十五年来，郭明义一直保持着每天提前两小时上班的习惯。自从他把自行车送给一个家境困难的中学生后，就一直是步行上班，路上大约要四十多分钟。面色黝黑、身材瘦削的他，总是笑呵呵地说：“看我这身板就知道，走路的健身效果真不错。”

齐大山铁矿，是目前亚洲最大的露天铁矿。长达四十多公里的采场公路，如同矿山的血管，每年要转运输出五千多万吨矿石。一旦发生阻塞或断裂，将会给矿山生产带来难以估量的影响。而这里每一个生产数字的变化，都可能牵动全国乃至国际钢材市场的神经。

守好护好这条路，要目光锐利、心细如发，最关键的是要有非同一般的责任心。十五年前，矿领导千挑万选后拍板：就是郭明义了。从此，他像一颗钉子一样，牢牢扎在了这片茫茫大山之中。

天色渐亮，矿区的机械声打破了大山的平静，载重自重相加近三百吨、轮胎直径近四米的电动轮汽车，来往穿梭。站在它跟前，别说是人，就连三十吨的翻斗车，都没有它的车轱辘高。

在矿区采场驾驶这种重型车辆，对道路要求极高。路况稍有不好，就有可能发生倾覆。然而在齐大山铁矿采场，驾驶员们却把心放得特别宽，把车开得特别稳。多年的默契，让他们形成这样一种思维习惯：只要在采场看到郭明义的身影，就等于看到了公路“OK”的通行证。

脸上总是笑呵呵的郭明义，眼里却从来揉不得一点沙子。他曾对一名因道路返工而心生埋怨的工友说：“你打我骂我都可以，但是路必须按标准修好！”

在郭明义全身心的呵护下，齐大山铁矿采场公路达标合格率一直保持在98%以上，还连年名列全国冶金矿山企业电铲、汽车生产效率第一名。

在偌大的采场徒步行走，每天上百次穿行在钢铁洪流之中，危险不言自明。事实上，除了郭明义，整个采场都很难看到行人。有同事好心劝他：“老郭，你是技术干部，用不着天天来。即使到采场，也不用每天和工人搅在一起。坐车转两圈，下达个修路计划，等着验收就行了。”郭明义却回答说：“我脚下踩得实，眼睛看得准，大家才能把车开得稳。”一般人很难理解，为了这份踏实，郭明义付出了多少心血。

在露天采场，作业平台都是边形成、边生产、边消失，因此无法修建固定的休息室。一旦风雨袭来，连个躲避的地方也没有。由于地处深山，采场里的气温，冬天通常要比外面低五摄氏度，夏天则要高十摄氏度左右。修路工人操作各种维修车辆，驾驶室里还能吹个冷热风，而郭明义只能在毫无遮挡的采场上奔走，有时一待就是十多个小时。有一次，郭明义中暑晕倒，缺乏医疗设备的工友们，只有忍痛用洒水车将郭明义浇醒。

在采场，天气越恶劣，公路维修任务就越迫切。工人们说，越是这种时候，就越能看见郭明义的身影。

2006 年 8 月的一天深夜，采场突降暴雨，部分山体滑坡，道路损毁。面对层出不穷的险情，值班工人们说：“要是郭大哥在就好了。”

时近午夜时分，眼尖的工友高森山突然兴奋地喊道：“郭大哥来了！”只见如织的雨幕里，郭明义正跌跌撞撞向他们跑来。

其实，一听到大雨声，郭明义在家就坐不住了。一心惦记着采场的他，立刻抄近路，翻越一座落差近百米的山头赶来。那一刻，浑身泥水、手脚满是划伤的郭明义，只说了一句话：“抓紧时间修路！”工友们紧紧握着郭明义的手，一句话也说不出来。这些平日里干大活、出大力的粗犷汉子，眼泪一下就涌了出来：“跟着郭大哥上呀！”

也许有人会问，郭明义怎么那么神，大半夜的，没人通知就知道哪个路段出情况？工友们说，郭明义天天在采场量啊、测啊、算啊，就是采场的“活地图”，所有路况都烂熟于心。

郭明义的工友们做过这样一个统计：郭明义穿梭于全长四十多公里、落差两百多米的作业平台之间，每天至少步行十多公里。在采场工作的十五年里，他走过的路程长达六万公里。而且，他每天提前两小时上班，节假日、双休日从不休息，仅义务奉献的工作日，就达一千九百多天，相当于多干了五年的活。

别人常问郭明义：“这么舍命干图什么？”郭明义说：“就想带动大家多干一点、干好一点，让企业发展更快一些。和国外钢铁巨头们同台合作比拼时，也能让他们高看咱中国企业、中国工人一眼。”

郭明义知道，要赢得这份尊重，靠的不是嗓门，而是实力。多年来，他一直保持着当年在部队上养成的那股子学习劲头。通过上夜校、读函授、参加专业培训，郭明义系统掌握了采矿地质、公路建设等专业知识，还取得了经济管理成人自考本科文凭。在当年鞍钢举行的专业英语考试中，百余号人仅有十几人通过，郭明义就是其中一个，而且是年纪最大的一个。

1993 年，齐大山矿扩建工程拉开帷幕。其中，三十三台进口电动轮汽车组装的现场翻译工作，是一块极难啃的“硬骨头”，矿领导点名让自学英语多年、能与外方流利对话的郭明义负责。

新时期雷锋传人——郭明义

只要心里装着雷锋，就永远是一个兵

郭明义给受资助的学生送去新课桌

有的挑战摆在每一个鞍钢人面前。“企业有困难，我们工人要有作为”，除了不断给身边工友鼓劲，郭明义还组织起义务献工采场突击队，想方设法提高作业效率，降低采矿成本。在他的精心组织下，采场每条道路的施工期，由原来的平均三天缩短为两天，仅缩短运距、提升运输效率，每年就可节约一千五百多万元。

常言道，人往高处走，水往低处流。在鞍钢工作的二十八年，随着企业的发展和环境的变化，郭明义多次调整工作岗位。如果以现在流行的“升职记”眼光审视，郭明义职业生涯的“下半场”，有点像在走“逆行线”：工作越干越基层，位置越来越偏远。可无论岗位如何变化、条件如何艰苦，郭明义始终认为，只要企业需要，“钉”在任何岗位都能有作为：

当大型生产汽车驾驶员时，他创下了全矿单车年产的最高纪录；

任车间团支书时，他所在的支部成为鞍钢团委命名的标杆团支部；

在宣传部理论教育干事岗位上，他撰写的党课教案在矿山公司评比中获一等奖；

任机动车间统计员兼人事员期间，

在组装现场，除了完成翻译工作，郭明义还特别留心每一个进口备件的质量。在检查中，他发现有五台车存在轴箱开焊、电机烧断等重大设备质量隐患。细心的郭明义，不但用相机拍下来，还附上中英文说明，以此与外方严正交涉。面对确凿无误的证据，外方公司心服口服地赔偿了十万美元。

最了解你的人，往往就是你的对手。一番“较量”过后，郭明义出众的业务能力，得到了外方的高度认可，他们私下里开出六七倍于现有工资的薪酬，鼓动郭明义跳槽。郭明义有礼有节地婉拒后，外方人员由衷称赞他是“一眼就能看出来的共产党员”。

在郭明义看来，新时期的产业工人，不但要继承甘当“老黄牛”的传统，还要有想法、有眼光，创造性地干工作。

在2008年的国际金融危机影响下，钢价一度暴跌，市场出现萧条，前所未

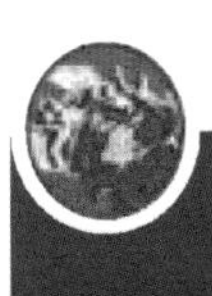

他参加统计员资格全国统考，是当时矿山公司唯一获得资质证书的人；

做英文翻译时，他成为外方最认可、最信赖的合作伙伴；

任采场公路管理员期间，他填补了采场公路建设史上的多项技术空白。

“矿石讲究品位，咱做人也得做高品位的人。”多年来一直这样要求自己的郭明义，成为所在作业区干部职工最敬重、最贴心的人。如今在采场，郭明义咋干，他身边的工友们就咋干。工友们都说：“跟着老郭这样的人干工作，我们没啥说的，服气！”

捐助一百八十多名贫困学生，给三百多个陷于无助的家庭带来希望，这就是郭明义的信仰——“多帮助一个生活绝望的人，社会就能多一分和谐，做这些事我活得充实而快乐”。

为了能让郭明义上好班，妻子孙秀英每天4时就起床准备早饭。十五年了，郭明义从没听到过爱人的抱怨。孙秀英说，老郭一直对她很好，她很知足。遇到心情不好的时候，老郭总会做鬼脸、弄点搞笑的动作逗她开心。

孙秀英说，郭明义第一次捐资助学是在1994年。当时，看到希望工程的宣传片，山区孩子那天真稚嫩的面庞，渴望读书的目光，一下子就打动了郭明义。第二天，他就去市希望办给一名岫岩山区的失学儿童捐助了两百元。

郭明义说：“没有这两百元钱我冻不着、饿不着，可这两百元却关系着一个孩子的前途命运和他一家人的希望。”距离第一次捐助还不到一个月，郭明义瞒着妻子，又给这个孩子寄去两百元。那时，他的工资还不到四百元，而家中上有老母，下有上小学的女儿。知情后，贤惠的孙秀英也有些急了。那个月，家中开支捉襟见肘。再怎么着，帮了别人也不能穷了自己呀。

郭明义啥也没说，只是拿出一封信递给妻子。信中这样写道：“您资助的两百元已经收到，有了这些钱，我弟弟就可以上小学了，您给我们全家带来了希望，我们全家人都十分感谢您……”看着辛苦操持一家生活的妻子，郭明义动情地说：“帮助一个孩子就等于帮助了一个家庭；帮助他走过最关键的一步，就等于帮助了他一生。”善良的孙秀英潸然泪下。她不仅同意了郭明义的举动，后来自己也悄悄寄出了两百元助学金。

论现在的收入，作为矿山技术骨干的郭明义并不低。孙秀英也是一名待遇不错的高级护师。然而，走进郭明义那使用面积只有二十八平方米的小家，就仿佛走进了一间出租屋，里面连一件像样的家具都没有。

十五年的时间，郭明义省吃俭用，拿出自己一半多的工资，以及全部的奖金、补贴，捐给了一百八十多名素不相识的贫困学生和三百多个生活陷于困难的家庭。多年“蜗居”的他，还先后三次把住大房子的机会，主动让给了其他有困难的工友。

和郭明义相濡以沫多年的孙秀英说：“这些钱，都是咱靠辛苦劳动挣来的，捐了说不心疼是不可能的。我有时也想，下次再不给了。可他一跟我要，我又心软了。仔细想想，他拿这钱是去帮助人，我也就没什么好抱怨的了。而且，做这些事，他过得充实而快乐。他快乐了，我也就跟着快乐了。”

在郭明义看来，力所能及地多帮助一个有困难的人，社会就能多一分和谐。

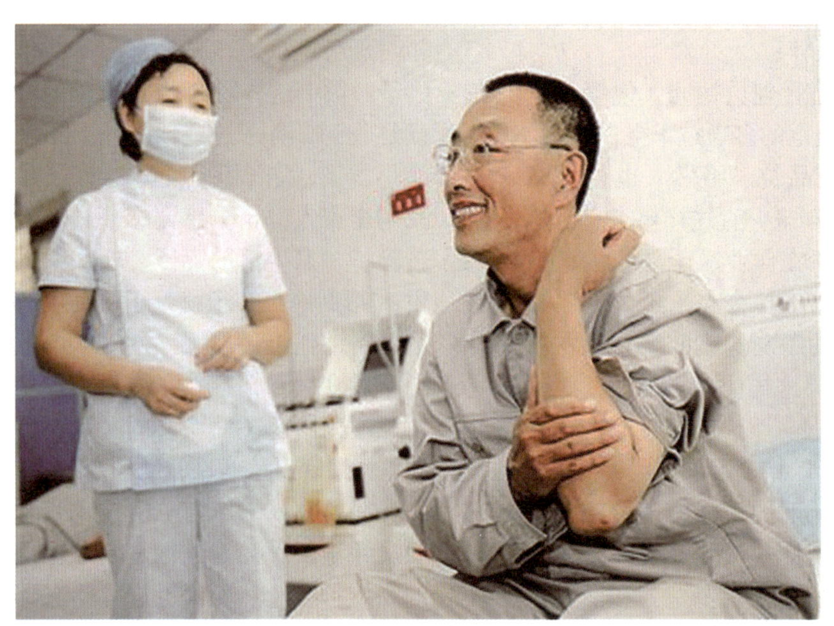

郭明义在义务献血

郭明义在班车上为工友朗诵诗

而传递这份和谐，有时候只需要一件普通的小事、一双温暖的大手、一句贴心的话语：有工友反映通勤车状况不佳，他马上找有关部门沟通，及时改善乘车条件；有工友反映食堂午饭质量不过关，他拎起饭盒就找领导反映、解决。平时，碰到工友对社会现象不满，他总会耐心做工作。齐大山矿的几任领导都说，郭明义经常向他们反映工人遇到的困难和问题，而他自己的事却一件没提过。

在郭明义心里，关系工友切身利益的事，就是天大的事。2008 年 3 月，乔广全等二十多名下岗工友，因在外打工被拖欠工资，多次讨要未果，产生了进京上访的念头。郭明义知道后，十多次到乔广全家中了解情况，并主动向有关部门反映问题，结果不到两个月时间，就追讨回全部拖欠工资。深受感动的乔广全，后来不仅多次参加无偿献血，还成为郭明义爱心联队的积极分子。

二十年时间，六万毫升鲜血从他的身体奔涌而出，去守候其他生命的呼唤，这就是郭明义的情怀——“我总把亟待输血的病人看作是自己的亲人，没有什么好犹豫的”。

在郭明义的办公桌里，有五十四本鲜红的献血证，这是他最珍贵的人生收藏。如果时光倒回到 1990 年，当初给郭明义抽血的医生绝对想不到：这个首次参加义务献血时有些晕血的瘦削汉子，居然坚持了整整二十年。

2005 年，郭明义从媒体上了解到，血小板对血液病患者有显著疗效，而且一年可以多次捐献。于是，他又义无反顾地开始捐献血小板，至今已捐献四十多次。

如果不是亲身体验，一般人很难从这些平常的数字后面，感受到郭明义的坚韧。捐献血小板时，两个粗针头分别扎在两个臂膀上，每次时间都在一小时以上，跟透析的过程几乎一样。每次捐献后，两臂都会疼上好几天。

去年春节前的一天，郭明义从采场下山，正准备吃午饭，突然接到血站打来的电话，问他能否提前捐献血小板。长期与血站工作人员交流的他马上意识到，一定是有重症病人。因为血小板保存期特别短，一般都是按照每月预约的捐献时间采集，而他这个月的捐献期，原定在春节长假之后。

此时，天寒地冻，道路异常难行。郭明义跑了很远，才拦到一辆出租车。当他心急火燎地赶到血站才知道，一名临产的孕妇患有严重的溶血症，如不及时输入血小板，母子生命堪忧。

此时，从早上 5 时到下午 2 时粒米未进的郭明义，已经疲惫不堪。然而，他没有丝毫犹豫，马上上机采血。血站的工作人员建议他献一个单位的血小板，他却说：“不行啊，还有孩子呢，宁可浪费点，也得保母子平安啊。”在他的坚持下，血站从他体内抽取了一千六百毫升血液，提取了两个单位的血小板。一个多小时后，采血结束。疲惫的郭明义，在采血床上沉沉睡去。

第二天，血站打来电话，告知孕妇母子平安，家属提出要当面重谢。郭明义却婉言谢绝：“我把她们看成是自己的亲人，亲人之间还需要讲价钱吗？”

一个体重七十五公斤的成年人，全身大约有六千两百毫升血液。二十年来，郭明义坚持无偿捐献全血、血小板，累计达六万多毫升，相当于一个人身体全部血量的十倍。如果按抢救一个病人需要输血八百毫升计算，这些鲜血至少可以挽救七十五名危重患者的生命。

2009年，郭明义高票当选为鞍山市无偿献血形象大使，成为鞍山百姓心中最闪亮的“星”。与郭明义相识相交多年的鞍山市中心血站副站长李莎说：“老百姓心明眼亮，用选票把郭明义抬上了属于他的位置！”

组织遗体（器官）捐献等多支爱心联队，五千八百多人自发追随，这就是郭明义的感召——“每个人内心都有爱。有时候，只不过需要一个火种去点燃它”。

一个人做一件好事并不难，难的是一辈子坚持做好事，更难的是带动一群人做好事。

对于郭明义的举动，曾有人表示过不理解。工友张毓春以前总感觉，郭明义有点“献血上瘾”，是“捐献狂”。每当遇到这样的猜测与误解，郭明义总是平静地回答：“接触不同的社会群体，就会有不同的人生思考。如果经常接触富翁大款，必然就会把金钱财富看得很重；如果经常接触那些弱势群体，谁都会不由自主地想要帮助他们。”而今，郭明义的身体力行，已经获得越来越多人的理解与认同。

在郭明义上班途中，有家小吃店，这也是过往工人经常歇脚的地方。热心的郭明义，时常帮助小吃店老板李艳丽劈柴生炉，一来二去便熟悉起来。

一天，李艳丽突然问郭明义：“老郭，我能捐献造血干细胞吗？”这一问，让正在招募志愿者的郭明义有些意外。仔细一了解，郭明义才知道，原来，光顾小吃店的工人，有很多都参加了自己组织的捐献造血干细胞活动。一段时间里，“造血干细胞”成了在小吃店里被提及最多的一个词。看着工人们说起捐献造血干细胞时的兴奋劲儿，李艳丽深受感染。当她得知郭明义就是活动的发起者，心里不禁产生了捐献的念头。

面对李艳丽的一些顾虑，郭明义有一说一。他以自己为例说：“我五十二岁的人了，献了二十年血，身体一直都很好，这几年的体检单上，连一个提示都没有。参加无偿献血、捐献造血干细胞都是挽救他人生命的善举，而且对捐献者的健康并没有什么影响。”当李艳丽决定要捐献造血干细胞时，郭明义欣慰地笑了。

像这样的“意外”，郭明义还收获了很多——打门球的老汉、复印社的打字员、摆摊的小贩……为了扩大队伍的影响，他甚至在每天下班后，坚持到职工浴池给工友们免费搓澡，边搓边介绍相关知识，有时一搓就是二十多人。到后来，这些“澡友”们，全部参加了郭明义组织的爱心联队。就连曾经讽刺过郭明义的工友张毓春，也拉着爱人丁爱荣，一起加入了郭明义组织的遗体器官捐献志愿者俱乐部。

在郭明义的眼里，每个人内心都有爱。有时候，只不过需要一个火种去点燃它，“我觉得自己就应当做这样一个无惧风雨的火种。”

拥有厚重底蕴，先后涌现出雷锋、孟泰、王崇伦等先进典型的鞍钢，为郭明义这颗“火种”提供了广阔的发展空间。在这片滋养英模的土地上，郭明义的善行义举得到了热烈的回应和有力的支持，五千八百多人选择与他携手同行，共同传递爱心的温暖、和谐的力量。

2006年以来，郭明义先后八次发起

捐献造血干细胞的倡议，有一千七百多人参与，占鞍山全市捐献造血干细胞志愿者总数的三分之一；2007 年以来，郭明义先后七次发起无偿献血倡议，共有六百多人次参加捐献，累计献血十五万毫升；2008 年以来，郭明义组织的捐资助学爱心联队有两千八百多人参加，累计资助特困生一千多名；2009 年以来，郭明义发起成立的遗体（器官）捐献志愿者俱乐部，共有两百多人参加，是国内参与人数最多的遗体（器官）捐献志愿者俱乐部。

在这一支支不断壮大的队伍里，随处可见郭明义润物无声的爱心印迹：有的人家中年货是郭明义帮忙置办的，有的人穿的新工服是郭明义亲手换上的，有的人治病钱是郭明义支付的……如今，他们怀着感恩之心，加入爱心队伍，回报整个社会。

在这一支支不断壮大的队伍里，还有许多原本就热心公益事业的志愿者。他们选择加入郭明义爱心联队，让个体的力量团结起来，去发挥更大的作用。

正如郭明义最爱唱的那首歌一样：只要人人都献出一点爱，世界将变成美好的人间。无论何时何地，时刻牢记自己是一名党员，是一名退伍军人，这就是郭明义的承诺——“在部队我入了党，被评为全师学雷锋标兵，到了地方绝不能给部队丢脸”。

熟悉郭明义的人都知道，他的成长道路和雷锋有着很多相似之处：都是鞍钢人，同为汽车兵……就连领路人也一样。

在工地上指挥的郭明义

1977年1月11日，曾任鞍山军分区副政委的老红军余新元，亲手把郭明义送上了运兵的火车，勉励他在部队要有一番作为；巧合的是，1960年1月，同样是在鞍山火车站，余新元还曾亲手把一个身高1.54米的鞍钢小伙送上军列，他的名字叫雷锋。

郭明义说，自己刚当兵的时候，正赶上一场“主观为自己，客观为他人”的人生观大讨论，影响了许多青年的人生选择。而在人民军队这座大熔炉里，郭明义同样也在经受着一种人生观的锤炼。

五年的军旅生涯让郭明义受益匪浅：他所在的团，战功卓著、传统悠久，“爱民模范金遗华”“人民的好儿子刘英俊”等英雄模范层出不穷。带他的汽车连连长蔺传芳，是一位立过十二次三等功的先进典型，干起工作虎虎生风。在那段热火朝天的日子里，郭明义入了党，还被评为全师的学雷锋标兵。

郭明义至今难忘退伍时部队首长的叮咛：小郭啊，你是党员，又是师里的学雷锋标兵，到地方后可不能给部队丢脸啊！

郭明义动情地说：“二十多年过去了，这句话始终回响在我的耳畔。我想，每个人都有不同的人生追求、人生选择。从在部队入党那天起，我选择了跟党走、多为别人奉献的人生道路。”

进来是铁，出去是钢，脱下军装的郭明义，始终不改军人本色。

前不久，辽宁普降暴雨，鞍山军分区奉命前出抗洪抢险。当时，恰好在军分区的郭明义，一听有抗洪抢险任务，立即向军分区政委黄书华请缨前往。

黄书华告诉他：“这次去的都是现役官兵，你就别去了。”一听这话，郭明义不干了：“我也是咱军分区的预备役军官，抗洪救灾我也有责任！”

同为复转军人的鞍钢总经理张晓刚说：“郭明义把部队的优良传统带到了企业，同时又把鞍钢的优良传统发扬光大。他的身上，体现了中华民族的传统美德，体现了革命军人的可贵本色，体现了鞍钢的优良传统，体现了产业职工的时代品质。”

平日里，郭明义的生活过得简朴至极，但也远非外人想象的那般寡淡无味。情人节里，他也会买一束玫瑰花送给妻子，文学创作更是他坚持多年的爱好，而他最欣赏的诗人是徐志摩。

在郭明义厚厚一摞的文学作品中，有这样一首诗歌，郭明义喜欢在工休时读给工友们听。

这首题为《我是一名党员》的诗这样写道：

我是一名党员，我平凡——普通党员，我奉献——在岗位上，我热爱——祖国人民，我拥抱——小草、小花、小树。我默默地做着，那属于党的一切的事业。这应该是一名党员的品质，这品质如莲花、如芙蓉、如雪山、如森林。

我是一名党员，我在做着，伟大人民认为应该做的，一点点的事情。

郭明义，就是这样一位平凡的退伍军人，一名普通的产业职工。在简单而饱满的人生之路上，他始终坚持把传承雷锋精神作为价值追求，坚定地沿着雷锋的足迹前进，成为新时期学习实践雷锋精神的楷模。

（本文选自《解放军报》）

青春淬火铸警魂

文 / 沈峥嵘　高　坡

有这样一个英雄，他的名字被人们永远铭记，他就是苏州公安消防支队特勤三中队班长孙茂珲。

2012 年 2 月 1 日凌晨的火灾中，为抢救百余名员工的生命挺身而出，生死关头，这位山东青年把生的希望留给了战友。短暂二十二年的青春韶华，他像一颗炽热燃烧的流星划过苍穹，绽放出最耀眼的光芒。

孙茂珲

生存机会让给战友

2 月 1 日 5 时 2 分，苏州工业园区亭新街达运精密有限公司突发火灾。

“我们立即疏散一百三十多名工厂员工，当时情况非常危急，有毒浓烟高度聚集，搜救难度极大。”事故现场指挥员、苏州公安消防支队特勤三中队指导员余杨回忆说，“一听到厂方值班人员说可能还有人被困在里面，孙茂珲跑来向我请缨，我们同意他与王浩君组成搜救小组，深入火场搜救被困人员。”

偌大的封闭车间浓烟弥漫，灼热难忍，孙茂珲与王浩君立即佩戴好空气呼吸器等救援防护装备，贴地匍匐摸索着向前推进。终于，他们找到着火点并迅速实施灭火。突然，王浩君的空气呼吸器响起了报警声，是储气即将耗尽的警告！此时必须沿安全导向绳撤离。然而，就在回撤途中，货架突然倒塌，将安全导向绳埋压。

孙茂珲果断做出一个生死攸关的决定：他解开安全绳，摘下自己的空气呼吸器留给王浩君：“你在这里等救援，我去找出口。”这一走，孙茂珲再没有

孙茂珲近照

回来。

早上6时后，王浩君被队友循着安全导向绳解救。他醒来已躺在医院，睁眼第一句话就是："茂珲呢？！"战友沉默地垂下头。七尺男儿放声痛哭："是他把机会让给了我啊！"

2月3日上午10时，孙茂珲追悼会在苏州市殡仪馆举行。数千名苏州市民自发赶来，手捧素菊，静静地等待送英雄最后一程。孙茂珲的母亲杨乃生泣不成声，父亲孙瑞抚摸着儿子的黑白遗像，第一次"当面"夸儿子："儿啊，你好样的！你没白来这世上一遭！"

孙茂珲是苏州烈士陵园第三百二十一号烈士，骨灰盒安放在革命烈士堂第二十一列。隔壁不远第二十五列里有一个叫鲁建强的革命烈士，1980年9月因救火而牺牲，是中华人民共和国成立后苏州市牺牲的第一名消防战士。时隔三十一年，两位消防英雄在此相会。

今年六十九岁的孙秀芳是一位山东籍军属，和茂珲非亲非故，看到新闻的当天就找到消防支队为茂珲料理后事忙前忙后："我敬重这样的人！"苏州市民王女士特意带着六岁的儿子来悼念孙茂珲。"要让孩子从小知道，什么是英雄！"

铮铮誓言流淌心声

"我愿化作铁水，铸一块好钢。"

烈火中挺身而出，危急关头将生的机会留给战友。没有遗言，但无论是父母还是队友都理解他："这就是他！"

"什么是新时期最可爱的人？就是敢于在人民群众最困难、最需要帮助的时候向他们伸出援助之手，搭起希望之梯，开通生命通道的人。"这是孙茂珲写下的学习"雷锋式消防战士"金春明事迹的感言之一。字仍在，人已逝。

孙茂珲出生在山东莱阳一个普通的工人家庭。2008年12月，十九岁的他抱着"当兵就要当一个好兵"的信念来到部队。

孙茂珲身高、体质并不占优势，在新兵连举行的第一次考核中，成绩很不理想。为此他暗下决心，利用休息时间刻苦训练，别人拉三十个，他就坚持拉

五十个。功夫不负有心人，在新训结束前的综合考核中，他的成绩由原来的排名垫底，变成两个第一名、一个第二名。

“好是更好的敌人，我要勇争第一”，在新训队奖励的笔记本扉页上，他写下了这样一句话。下队后，凭着“要当一个好兵”的信念，他以近乎苛刻的目标严格要求自己。在装备器材熟悉上，他细致入微做保养，虚心求教学使用，挑灯夜战摸参数，在短短的两个月时间内，对中队七十多种常规器材、一百多种特勤器材的性能标准、技术参数、综合应用、维护保养等熟记于心、应用于行，很快成为装备管理的行家里手；在业务技能训练上，他刻苦训练争第一，作风顽强锻意志，精益求精求精湛，轻伤不下火线，很快成为灭火救援的业务骨干；在本职业务上，作为通信员，他深入辖区熟悉单位情况，对辖区内每一条道路、小巷，每一家单位、场所，每一处水源、码头都记录在案，铭记在心，“苏虹路：友达光电、三星电子、日东电工、天弘公司……水源情况、疏散通道、重点部位……”，在他的五本笔记本上密密麻麻记录了辖区单位的所有情况。担任班长后，他给自己定下了更高、更严、更快、更强的目标，带领全班人员严格训练造就过硬业务素质，严格管理锤炼顽强战斗作风，冲锋在前锻造铮铮铁骨。

2011 年 8 月，为了救援一名受伤被困塔吊的建筑工人，他只身携带三十公斤重的救援装备，在黑夜里乘缆车升上五十米高空，果断采取破拆和包扎固定措施，并将伤员安全营救回地面。

当人民生命财产受到威胁时，他总是临危不惧，挺身而出，冲锋在前。2011 年 9 月 27 日，园区联升科技厂二甲苯罐区发生储罐泄漏火灾，火势凶猛。孙茂珲主动请缨，架设九米拉梯登上随时有坍塌危险的顶棚连续强攻六个多小时，最后大火被成功扑灭。

队友张凯回忆起 2010 年一个冬夜：“凌晨我们接到报警：有一辆汽车出事故，一位中年妇女被卡在副驾驶的位置，头破血流，浑身发抖。茂珲脱下自己的战斗服，披在她身上，自己只穿一件单衣跪在旁边和她聊天，帮她分散注意力，减轻痛苦。半小时后，这位妇女被救出来，而茂珲嘴唇发白，两个胳膊已经冻得不能弯曲了。”

入伍仅三年，茂珲先后参加灭火战斗五百多次，参加抢险救援四百多次，抢救被困人员三十余人次，先后荣立两次三等功，获三次嘉奖。特勤三中队中队长李超军感慨地说：“从来没有过这么优秀的成绩单。”

2011 年底，孙茂珲给父母的信里写道：“既然我穿上这身绿军装，就要对得起它。我愿化作一盆铁水，铸成一块好钢……”

“永不退役的武警战士”

这是一个热爱生活、多才多艺的大男孩。他弹得一手好吉他，还是一名滑板高手，他画的静物素描、漫画如今还陈列在“官兵才艺展示区”里，想念它们的主人。

“阳光男孩”有一个深藏在心底的军官梦。“每天训练结束人都很疲乏了，但 21 时熄灯号吹过后，他经常在学习室独自一人复习功课到午夜。”李超军说，“今年他因立过两次三等功，已符合保送军校的资格，但每晚仍坚持学习到很晚。”

如今长眠的他无法圆梦，连同他曾

经对父母的承诺："我喜欢苏州。我攒钱，以后接你们二老来苏州养老。"但也许，长眠的茂珲并不遗憾，因为在他心里，别人永远比自己重要。

"茂珲父母下岗多年，靠卖报为生，家里条件不好。他自己非常节俭，但当年他每个月只有三百六十元津贴时，还坚持拿出两百六十元捐助一位孤寡老人，自己只留一百元。每次还跟我开玩笑说：看，我有一张毛爷爷！"特勤三中队易光星回忆说。

他长期坚持到娄葑敬老院为老人家端茶倒水，打扫卫生。敬老院院长说："我们这里有个老人神智不太好，总是闷闷不乐，茂珲来时发现了，就说自己是老人的孙子，每次来都给老人买水果和小吃，还安慰老人说家里一切都好。茂珲这么一走，老人伤心得饭也吃不下。"

队衰吾耻，队兴我荣

2011 年初，刚刚当兵两年多的孙茂珲因综合素质过硬、组织指挥能力突出被中队选任为战斗四班班长，这在连续三年被评为全省消防部队"十佳基层单位"、业务骨干众多的特勤三中队来说，可算是"破天荒"的事情。

父母在写给他的第五封信中鼓励他：海不择细流故能成其阔，山不拒细壤故能成其高。孙茂珲始终铭记于心，被任命的当天，就在班级学习室的荣誉栏上写下了"队衰吾耻，队兴我荣"的班级格言，不断激励着自己和本班战友。工作中，他把集体的事情视为头等大事，把集体的荣誉视为第一生命。从一名普通战士走到一名班长，他深知作为被管理者的心理，同时也知道一个中队能否真正发挥出战斗力，关键在于每一名士兵。作为一名士官班长，是兵头将尾，自己作用发挥得如何，会直接影响一个中队的成绩。管理上，他以"大哥哥"的身份了解战友，爱护战友，关心战友，做到餐桌上看饭量、走路中看形态、言谈中观表情，细致入微地关心体贴班里的每一名战友。

孙茂珲的遗物中最多的是奖状和复习迎考的资料

一次他发现班里的一位新战友想家了，就主动贴上去了解情况，当得知其父母因家庭经济困难闹矛盾的情况后，他立即与其父母取得联系，苦口婆心地通了近三个小时的电话，赢得其家人的支持，解开了新战士的思想疙瘩。事后，孙茂珲又及时向中队领导汇报，发动中队为这名新战友捐款捐物，他一人就将一个月的津贴捐了出来。

在经常性思想工作中，孙茂珲注重工作方法，将经常性思想工作"三互"工作法运用到工作实践中。他把班里战友划分为三个互助小组，互学所长、互补所短、互帮互助、共同进步，班级凝聚力、战斗力明显增强，一直是中队里各项建设的先进班。在工作训练之余，他充分发挥自己文艺专长，按照"一兵一爱好"的要求，在中队成立了短笛、泥人两个兴趣小组，多次在支队、总队组织的活动中进行展示，展现了新时代消防官兵热爱生活、快乐工作的精神风貌。中队驻地是一个现代化国际工业园

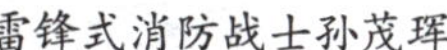

雷锋式消防战士孙茂珲

区，外资企业多，中队装备器材进口的多，孙茂珲虽然只有中专文化，但他不怕困难，自费购买外文字典，刻苦学习外语，掌握基本英语口语对话，翻译编写进口器材操作说明。他还多次代表中队参加支队、大队组织的岗位练兵竞赛，并在各项竞赛中取得了优异成绩，为中队争得了荣誉。2011年10月份，支队组织基层政工知识比武竞赛，大队选中了平时理论功底不错的孙茂珲作为战士代表参赛，在接到这项任务后，他给自己定下了目标："坚决不给集体丢脸，要做就做最好的！"就这样，他白天工作，晚上加班复习，最终在竞赛中取得了第一名的好成绩。

"一个人活着不是你得到了多少，而是你贡献了多少"，这是他写在日记本上学习"雷锋式消防战士"金春明事迹的感言之一。他是这么写的，也是这么做的。在执勤训练中，孙茂珲将过硬技能、娴熟业务作为服务人民的看家本领；在灭火救援中，他将快速反应、科学施救作为竭诚服务的最高追求；在爱民实践中，他将关爱群众、扶危济困作为实际行动。

入伍三年来，他积极参加部队组织的各项爱民实践活动，在苏州市创建全国文明城市统一行动中，他曾经连续一天一夜带领本班战士清扫马路、冲洗路面、清除垃圾，奋战在创建活动第一线。在扶危济困爱民实践中，他用满腔热情服务驻地群众，先后捐款近一万元，并长期资助驻地一名贫困学生、一户孤寡老人，在他长期坚持上门服务的娄葑敬老院，老人们亲切地称他为"兵儿子""小棉袄"。在社会公益活动中，他无偿献血近三千毫升，先后三次为白血病儿童捐献血小板。

2010年2月的一个寒冷冬夜，在出警归队途中，孙茂珲听到广播中驻地某医院抢救车祸病人急需血液的消息，他不顾劳累，归队后立即向领导请假，赶赴医院一次献血五百毫升。在日常工作中，他主动带领全班战友走社区、进学校、入企业宣传消防知识、消除火灾隐患。在战友们的眼里，他就是身边的"活雷锋"，中队多次收到赞美他的感谢信。

2010年8月13日凌晨，孙茂珲在一次灭火疏散行动中，捡到了一个内有数万元现金的包裹，他毫不犹豫地交给了现场警察，并协助及时找到了失主。由于他的突出表现，中队把孙茂珲选为"爱民标兵"，他所在的班级被评为"爱民示范班"。他的爱民事迹，多次被《苏州日报》《姑苏晚报》等驻地主流媒体宣传报道，他用自己的实际行动谱写了一曲曲爱民助民、荡气回肠的英雄赞歌。

（本文选自《新华日报》）

任长霞：托起一方晴朗的天

文/王 丹

人民英雄任长霞

2002年11月，河南省登封市公安局局长任长霞在一户市民家中了解当地治安情况

任长霞亲切地与小学生们在一起

春节期间任长霞看望孤寡老人和群众

任长霞与孤儿刘春雨在一起

每个人在生命中都会做各种各样的选择题，一些可以多选，一些只能单选。任长霞是河南省公安系统有史以来的第一位女公安局长，从警二十一年来，任长霞多次讲过的一句话是："我选择了太阳底下最神圣的职业。"

失去父母的小女孩刘春雨亲切地喊任长霞为"任妈妈"，她说："任妈妈的笑就像阳光一样的温暖。"2004年4月14日，任长霞在急着从郑州赶回登封部署侦破任务的途中，遭遇交通意外，抢救无效，于15日1时不幸去世。但是直到今天，那抹明媚的阳光在刘春雨的心中还依旧温暖着……

铿锵玫瑰　勒马横刀

河南省登封市位于中岳嵩山脚下，境内山脉壮美蜿蜒，古迹星罗棋布，尤以禅武合一的少林功夫闻名于海内外。2001年4月，郑州市公安局的一纸调令在登封六十多万百姓中引起不小的震动：郑州市公安局技侦支队支队长任长霞调任登封市公安局局长，成为河南省公安系统中的第一位女公安局长。

当时，登封市的社会治安形势比较复杂，突然新来了一位年轻的女局长，议论之声也接踵而来，"这样一个文弱的女人，能干什么？""她背后肯定有靠山！"

上任的头几天，任长霞没有大肆铺张，而是轻车简从，一个星期跑遍登封十七个乡镇区派出所，并深入基层到老百姓家里察访民情，在全市发放了一万五千份征求意见表。

美丽的白沙湖是登封市最大的水库，1996年，一个叫王松的人承包这片湖泊后，周围的居民便深受其害。王松集结家族成员、劳改释放人员横行乡里、草菅人命、殴打无辜、强称村民私自捕鱼勒索敲诈，致使七人死亡，一百多人受伤。王松背景复杂、侦破难度很大。附近居民谈"松"色变，吓唬啼哭的小孩子都说："不要哭，王松来了！"

2001年4月，任长霞上任伊始，就密切关注此案，她首先察访到受害人王中央家里，王中央事后回想："当时，俺还不知道这个新局长偏向哪一边，试探了几次才敢说这事。"任长霞雷厉风行，设立专案组，利用王松到她办公室为其同伙说情这一有利时机，将其巧妙抓获。5月，王松因涉嫌组织、领导黑社会性质组织罪等十六项罪名被登封市检察院批准逮捕，其团伙成员无一人漏网。王中央当时感动地说："任局长一个三十多岁的女人敢把王松抓起来，我非常佩服她的才干！"

西岭地区万羊岗一带，自1997年到2001年，先后有多人被杀，数名妇女被污辱。此间，凡小女孩上学不管远近都得家长接送；年轻女子出门也必须三五人结伴，太阳刚落山，这一带就路断人稀，一片恐怖气氛。群众反映强烈，呼声极高。

任长霞将此案定为重中之重，抽调精干力量，成立专案组，派人在万羊岗一带乔装打扮、强力侦破。2001 年 7 月 31 日，一条重要的线索从莲花寺传来，8 月 1 日，在少室山北麓的玉皇沟发现了犯罪嫌疑人王少峰的踪迹，并将其抓获。在强有力的证据下，王少峰供述了在西岭地区、蝎子山、少林寺等地实施了强奸十八人、杀死七人、抢劫一人、盗窃两次，共作案二十六起的犯罪事实。

任长霞尽展魄力，刚刚上任就连续破获了几起重大案件，用果敢的行动建立了良好的警民关系。登封市还有一起长达十一年的悬案——两少女看电影返回的途中遭遇奸杀，其中一个女孩的母亲叫韩素珍，从青丝到白发、从地方到中央跑了上百次，告状告得家中一贫如洗。任长霞决心拿下这个积压多年的案子。2001 年 4 月，任长霞来到韩素珍家里，斩钉截铁地说："小事我都管了，这么大的事情我能不管吗？坚决把案办到底！"当任长霞破了悬案后，两位母亲老泪纵横、长跪不起。

任长霞在世时曾经谈到过自己的理想："我小时候身体不好，练过武术，整天掂着一些刀枪棍棒。从小看到男警察、女警察穿的都是上白下蓝，非常羡慕。人家都走好远了，自己还够着头看，心想着自己将来要成为一个警察该多好，现在，终于如愿以偿了。"她生前先后荣立个人一等功一次、二等功一次，三等功四次，是全国优秀警察、全国青年岗位能手、全国"三八红旗手"、"五一劳动奖章"、第四届"中国十大女杰"……然而，比起这些荣誉，任长霞更在乎的是登封六十多万的老百姓。

身系百姓　天理民心

在金杯与口碑之间，赢得后者的难度显然要更大。而任长霞无疑已经赢得了在民间的口碑。登封市公安局的一侧，是任长霞上任后专门为老百姓上访而设立的"控申接待室"。

任长霞曾经讲："群众是非常厚道的，我们做五十分的事，群众给我们的会是一百分的回答。只要我们为群众办事，群众就会支持我们，理解我们，关

2003 年 8 月，任长霞在雨中勘查现场

键是我们能不能坚持下去，把工作做到家。”每周六作为局长接待群众日，是任长霞立下的规矩。

2001 年 7 月 19 日，她从上午 8 时开始接访，给百姓递水、跟着百姓落泪，中午只让民警拿了两个烧饼，边嚼边听群众诉说，直到晚上 11 时 30 分送走最后一个来访者，这一天她接待了一百二十四名来访群众，说得脸也麻了嘴也干了。每逢局长接待日，无论工作多忙，她都会挤时间接待来访群众。

村民陈秀英是重伤受害人，头部左侧被打出一个直径四五厘米的窟窿，肇事者跑了，陈秀英光治疗费就花了一万九千元，后来实在掏不出钱，只能出院，勉强在自己家里养病。为此，陈秀英也成了老上访户。当她把申诉材料递到任局长面前时，任长霞突然把手伸到陈秀英的蓬乱粘涩的头发上摸了起来，惊愕地“咦”了一声，“咋被打成这样？”陈秀英现在回忆起来，已经泣不成声，“从来没有人这样摸过俺这个乡下人的头，任局长是第一个呀。”任长霞当时说了一句话：“就是跑到天涯海角也要把他抓回来！”2004 年 2 月，任长霞兑现了她的话，将肇事者从广州逮捕归案。她嘱咐陈秀英，“要保重身体，看着孩子考上大学、成家立业。”

登封市公安局查办科的民警许雅辉经常一天二十四小时都跟在任长霞的身边，她说：“我从来没见过任局长闲下来的时候，如果非要说有闲的时候，那就是她啃着黄瓜坐在椅子上看文件的时候吧。”许雅辉还说：“很少有公安局局长把自己的手机号公开的，任局长是个例外。局长热线 2873115 也是尽人皆知的。”

走进黄土满地、麦穗低垂的乡下，能够看到生活简单的老百姓三五成群地立在门口，几乎每一个受访者都对实实在在干事的任局长交口称赞，他们操着浓重的口音，琐碎零散地讲述着见到任局长时的片段，念叨着任局长帮他们挖红薯、收麦子的事，给村里修路的事，给孩子建希望小学的事……老乡们的泪水是唰唰流下来的，那如同失去亲人般的眼神是无论如何也不能伪装的。

任长霞对老百姓的爱护没有丝毫的轻描淡写，但对于自己的家却很少顾得上。任长霞的家在郑州，丈夫卫春晓是个律师，俩人互敬互爱，却由于工作原因聚少离多，半个月或二十天才见一次面。有时，任长霞在电话的一端说：“想吃白菜豆腐了。”等丈夫把菜做好，任长霞又有事儿回不来了。

儿子卯卯今年寒假大部分时间都待在登封公安局的招待所里，就在妈妈办公楼的对面，“妈妈有时候会喊我一起去吃饭，可她吃饭的速度太快了，等我下去找她的时候，都没人了。我跟我妈一个寒假也只见了四五次面。”2004 年春节，卯卯被接到登封市局督察队长常守豪家里过年，和面、擀皮、包饺子，本来想等着跟妈妈一起吃的，但妈妈只待了二十多分钟，送了卯卯一个唐装样式的手机链，就急匆匆地去慰问派出所民警、困难群众和老上访户了。卯卯说：“我小的时候曾经给我心中最重要的人排座次，妈妈是排在第一位的。”

功勋长留嵩岳间

2004 年 1 月 30 日，告城镇发生了一起杀害幼女案。任长霞与侦查员一起，一住就是七十三天。4 月 13 日晚，她与郑州市局派出的专家组一起，摸排出了

任长霞在节日群众活动中亲临一线维持秩序

2001 年 6 月河南省登封市公安局局长任长霞在指导防暴警察训练

任长霞在召开群众大会

2004 年 4 月 17 日，河南登封市市民涌上街头，含泪送别任长霞

2004 年 4 月 17 日，河南省登封市几位市民在设在市人民医院内的任长霞灵堂前失声痛哭，向他们心中的好公安局局长做最后道别

一些重要线索。

一夜未合眼的任长霞，14日早上9时便带上案件资料赶到郑州西环，向正在那里义务植树的副局长武伟邦、杨玉章、刘一凡汇报，四个人蹲在马路边上，认真地逐条梳理，研究案情。中午时分，她顾不上吃饭，又直接赶到郑州市查证另外两条案件线索。

下午4时，在线索得到核实后，她向局长李民庆进行了专题汇报。等一切工作做完，已是晚上8时多了，忙碌了一天一夜、滴水未沾、粒米未进的任长霞，为部署当晚的侦破抓捕工作，决定连夜返回登封。李民庆心疼地说："长霞，吃了饭再走吧！""局长，我心里着急啊，先把工作安排完再说吧。"李民庆怎么也没想到，这一走，竟是永别。

当晚8时40分，任长霞所乘车辆在郑少高速公路遭遇车祸，当即重伤昏迷，被送往郑州市中心医院抢救。

正在召开局党委会的李民庆当即中断会议，带领全体局党委成员，迅速赶往医院。李民庆找到院长，激动地说："请你们全力救治，上最好的医生，用最好的药，一定要挽留住我们的这位好同志！"

消息传到专案组，同志们连夜从百公里外的登封赶到医院，守候在抢救室外，痛哭失声。专案组办公室主任王国彪死死缠住医生："求求你，救活俺局长，要我什么器官都行……"

然而，战友们的期待、领导们的关怀最终未能挽留住长霞。

长歌当哭　逝者如斯

听说任长霞的歌唱得很好，尤其是豫剧，然而，牵挂她的人和她牵挂的人都无法再次听到了；听说任长霞的老母亲天天都巴望着家里那张唯一的全家福想念女儿；听说任长霞瘫痪在床的老父亲直到今天也不知道女儿去世的消息，家里人都瞒着他说："长霞去做国际刑警了，要去执行一个特殊保密的任务。"

郑州市公安局局长李民庆谈起任长霞："她骨子里有一种固执的劲头，干事就要干到底。都当了局长，还非要坚持与民警一起跑五公里的训练。"郑州市公安局副局长杨玉章讲起任长霞："她性格里有一种争强好胜不服输的精神，那次省里举办法制竞赛，为争第一，她练习按抢答器练了好久。"丈夫卫春晓回忆着说："有一次难得全家人一起吃饭，长霞坐在那里，突然就哭了……"

4月17日是任长霞遗体告别的日子，登封市区万人空巷，十四万老百姓自发赶来悼念他们的任局长，长四公里、宽六十米的少林大道上挽幛如云、泪飞如雨。

"出师未捷身先死，长使英雄泪满襟""功勋至今犹在，清名亘古长留"……

遗体告别仪式上，一幅幅长空飘舞的挽幛，一株株插满了白花的青松，倾吐着人们对任长霞无限的哀思和崇敬之情……

（本文选自人民网）

轮椅上的“美丽人生”

文/佚　名

任影上课情景

她端坐在轮椅上，肌肉萎缩的双手紧握着三尺多长的木棍，木棍前端固定着塞进粉笔的注射器。这支“加长粉笔”在她娴熟而吃力的挥动下，一行行遒劲而工整的粉笔字跳跃在黑板上……

十二年来，她在自己创办的“希望小学”里，一直以这样的方式给孩子们上课。残酷的类风湿疾病让她的脖颈不能扭动，双手畸形，高位截瘫，双腿失去站立能力，瘦弱的身体不得不以轮椅为伴。但她略显苍白的脸上，依然时常挂着微笑。

她在疾病的苦痛折磨中，追逐着生活的希望。这所凝聚着她所有心血的“希望小学”，已经发展成为拥有八个班级、十多名教师和两百多名学生的完全小学。她还坚持自学，取得了医学和教育管理两个专业的大专学历。

她叫任影，安徽省临泉县城关镇希望小学校长。

花季时节，她被折断了飞翔的翅膀

1966 年出生在临泉县邢塘镇任庄村贫苦农家的任影，自幼聪明好学，在学校获得的奖状贴满了家里的一面土墙。十八岁那年，她以优异成绩考取了省属重点中学阜阳一中。

然而，这个本该拥有美好前程的花季少女，却遭到了无情病魔的残酷折磨。读高二那年，她经常感到全身疼痛。医院检查结果显示：类风湿性关节炎。这是一种慢性全身性自身免疫性疾病，被医学界称作“不死的癌症”。

尽管每天吞食大量的止痛片，依然无法减轻全身疼痛。渐渐地，病情恶化，疼痛让她的行动变得十分艰难。从寝室到教室，五十多米的距离，同学们只需走五分钟，而她要一步步缓慢挪动，走上半个小时。

她多么渴望步入大学殿堂！令人遗憾的是，她还没有圆大学梦就瘫痪在床，从此再也没有站起来。

理想破灭和身体瘫痪，让任影一度陷入绝望的低谷。看着窗外自由飞过的小鸟，她经常黯然神伤：“鸟儿还有自己

的天空，而我呢？”1995年的一个夜里，她偷偷地服下农药……

当她在医院里被抢救过来时，她哭着问父母：“你们为什么要救我？我是你们的累赘啊！”父亲流泪了，这个坚强的男人为了给女儿治病，再苦再累从没淌过一滴泪，此时蹲在地上抱头大哭：“如果你真有孝心的话，就求你陪我们好好活着！”

父亲的话语和哭声如一记重锤狠狠地砸在她的心坎上。此刻，她觉得自杀是多么自私的行为，对父母是多么的残忍！

只要能把教学工作做好，再苦我也能忍受

县残联的工作人员听说任影的情况后，为她送来了大量书籍，并鼓励她自立自强。看到一个个残疾人自强不息的故事，任影逐渐树立了生活的信心。1996年，她报名参加了县里开设的“社区医学函授班”，她希望将来能像张海迪一样，为贫困的乡亲们治病。

这年7月，瘫痪在床七年的她，第一次走出家门，由妹妹推着轮椅到县城参加招生考试。沿途，每当妹妹艰难地推她上坡时，总有热心人过来帮扶一把，这让她心里充满了温暖。“这个世界不仅有痛苦，更有爱！”此刻，她觉得，树还是那么绿，花仍旧那么美，早晨的太阳依然那么朝气蓬勃！

在读医学函授班的同时，任影还义务给村里成绩差的中小学生补课。偏远的任庄，因为离学校太远，有的孩子八九岁还没有上学。这让任影萌发了办学前班的念头，她希望村里的孩子能早点接受幼儿教育。

于是，1998年的夏天，全家人为她在院子外面的空地上以最快的速度盖起了两间茅草房，打造了木桌、条凳。任影也为自己发明了板书工具：在一根带有凹槽的细木棍一端套上一个注射器外壳，在注射器里装入粉笔，这样就做成了推拉自如的“加长粉笔”。一个暑假，她都在练习使用这支笔，终于能在黑板上写出像模像样的字了。

学前班秋季开学，出人意料的是，来学校报名的学生竟有二十四名，其中还包括两名残疾儿童。第一堂课开始时，母亲推着任影走进了教室。此时，教室的前后窗户站满了听课的家长。看着家长信任的目光和教室里的学生，任影感觉自己真正“站”了起来。她寓教于乐的教学方式，激发了孩子们浓厚的学习兴趣，也赢得了家长的称赞。

孩子们在入班前都没有写字的基础，任影就在轮椅前放一张桌子，一个个手把手地教他们写基本笔画。一个上午下来，本来就畸形的胳膊和手疼得连抬起都相当困难。“只要能把教学工作做好，再苦我也能忍受。”她说。

第一届学前班毕业时，孩子们都有明显长进，家长们纷纷找上家门，要求她无论如何要办学。在家长们的鼓励下，任影的父亲又赶紧盖了两间教室。第二个新学年，不但学前班又招了二十六名孩子，一年级还增加了邻村的十一名学生。

任影给学校起名叫“任庄希望小学”。她说：“之所以带着‘希望’两个字，一是因为我热爱教育，这是我人生的希望；二是期盼农村教育大有希望。”

“工作着是美丽的。只要心中有太阳，人生没有阴雨天。”任影写下了这样的座右铭。

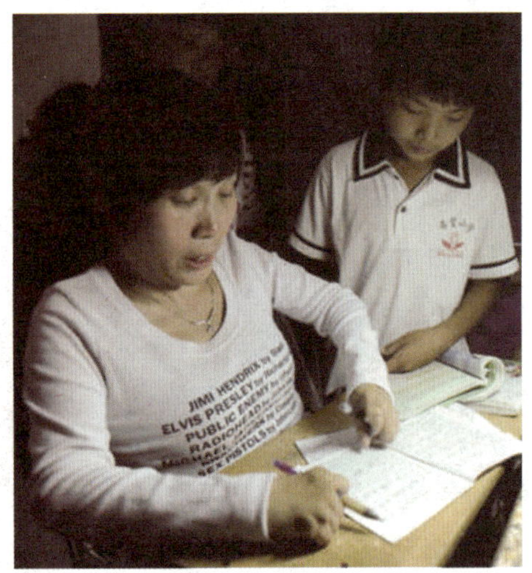

任影辅导学生写作业

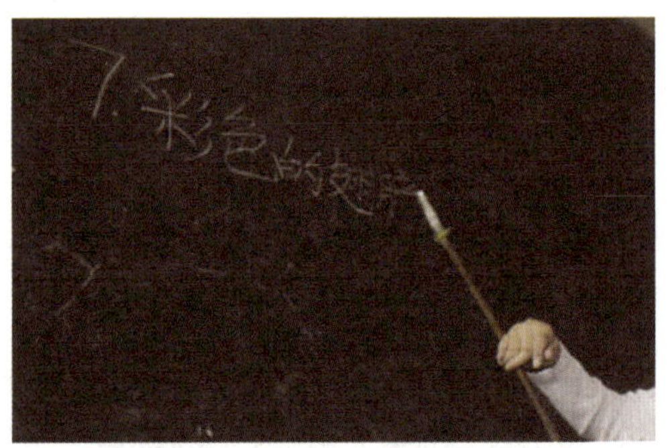

任影用萎缩变形的手握着“加长粉笔”写板书

坐在轮椅上上课的任影

任影在上课时更换粉笔

无论做什么事情，不放弃就有希望

1999年，任影通过自学，顺利完成了医学专业课程，并取得了毕业证。2001年，她又报名参加了安徽师范大学教育管理专业的全国自学考试。繁重的教学之余，她始终坚持自学，每天早晨5点起床，学习到晚上12点。2006年，她终于通过自学考试，取得了教育管理大专学历，圆了自己的大学梦。

希望小学的班级也一年年增加，逐渐发展成具有两百多名学生的完小。2002年，任影借贷十几万元，盖起了一栋三层六个教室的教学楼，学校各方面条件均达到了社会办学要求。2007年，她的小学被教育部门纳入城关镇管理，并更名为“城关镇希望小学”。

任影不仅在乡村传递着知识，还在传递着一种自强不息的信念。

任有武是村里一名残疾青年，由于患有严重的小儿麻痹症，只能靠手按着脚跟走路。上初中时，因为行动不便，遇到雨雪天气就无法去上课，任影就主动帮他补课。由于自卑，任有武经常想放弃念书，任影就用自己办学的经历教育他，鼓励他一定要读书，学习一门技术。初中毕业后，任有武通过自学，取得了医学专业毕业证，并在村里办起了诊所。

任影自强不息的精神也深深影响着孩子们。学生王皓说：“有的同学调皮时，任老师就说：‘我这样连喝杯水都困难的人都想多学点知识，你们比我强多了，怎么能荒废大好时光呢？’这句话对我们的触动很大。任老师克服这么大的困难给我们上课，如果不好好学习怎么对得起她！”

社会各界的关心和支持，也扶持着任影一路前行。合肥市一位姓陈的女同志，在知道任影的事迹后，年年都寄钱给希望小学，还打电话鼓励任影把学校办好，但从不透露自己的姓名。任影向这位未曾谋面的大姐表达感谢时，她对任影说：“我应该感谢你，从你身上我学到了自强不息的精神。”

“这些年，很多人关心、支持、帮助我，这些关爱和理解让我再一次强烈地感受到了生命中的幸福：我不是一个孤独的前行者，我也不是一个人与困难孤军作战，与我同行的还有这么多有爱心的人！”任影说。

她把自己对人生的感悟教给学生，她立下的校训是：学会学习、学会做人、学会独立、学会合作、学会关爱、学会感恩。

在办学中，任影经历了很多的风雨。国家对义务教育阶段学生实施“两免一补”政策后，民办学校招生受到很大的冲击，学校学生人数减少；由于农村贫困，任影收的学费很低，她经常为学校的经费发愁。但再多的困难，也未能动摇她继续办学的决心。

她在日记中写道：“无论做什么事，不放弃就有希望！”

（本文选自新华网，原标题为“一位高位截瘫乡村女青年与她的‘希望小学’”）

任影和学生们在一起

马班邮路的铁汉王顺友

文／佚　名

山又高来路又险，
翻了一坡又一坡。
哪个喜欢天天走？
因为人民需要我。
今年老王四十岁，
牵着马儿翻山坡。
为人民服务不算苦，
再苦再累都快活！

——摘自王顺友自编的山歌

在绵延数百公里的木里藏族自治县雪域高原上，一个人牵着一匹马驮着邮包默默行走的场景，成为当地老百姓心中最温暖的形象。

二十年，他一个人跋山涉水、风餐露宿，按班准时地把一封封信件、一本本杂志、一张张报纸准确无误地送到每个用户手中；二十年，他一路奔波不喊累不叫苦，战胜孤独和寂寞，将党和政府的温暖、时代发展的声音和外面世界的变迁不断地传送到雪域高原的村村寨寨，把党和各族群众的心紧紧地连在了一起。

这个人，就是木里藏族自治县邮政局的一个普通的苗族乡邮员；一个二十年来每年都有三百三十天以上独自行走在马班邮路上的邮递员；一个在雪域高原跋涉了二十六万公里、相当于走了二十一趟二万五千里长征、绕地球赤道六圈的共产党员——王顺友。

木里，位于四川凉山州西北角，中国仅有的两个藏族自治县之一。传说中，女神巴登娜姆诞生于此。境内高山林立，峡谷纵横，三江并流，蔚为壮观。这里地势险，平地少。多少年来，当地人通

深山独行五十三万里，王顺友用生命维系马班邮路

信方式多为口传、人递、烽火。即至中华人民共和国成立，公路不通，邮件也只能靠乡邮员步行传递。

直到1960年，境况才有所改变，乡邮员开始配马——马班邮路由此而生。王顺友打小就对送邮件这差事充满好奇，不为别的，因为父亲就是一名乡邮员。

雪山上的雪，经常灼伤父亲的眼。送完信，父亲牵着马，撞开家门，瘫倒在地。母亲赶紧找来草药，为他熏疗。

清晨，父亲看到了光亮，把邮包往马背上一捆，勒紧，倔强地又要走。

“能不能不去？”母亲抱着他的腿哭。

“你懂什么？县委的文件不按时送到，全乡的工作就要受影响。”父亲扭头就走。幼小的心灵被深深震撼：乡邮员居然如此重要！那一年，王顺友刚刚八岁。

十二年后，疲惫的老乡邮员终于结束了三十年的邮路生涯，风华正茂的王顺友子承父业。漫漫邮路，从此多了一个年轻人。

“一不能贪，二不能丢，三不能脏，四不能慢。”父亲将自己心爱的邮包，郑重地塞进这个稚嫩的新兵怀里。

王顺友认真地点点头，目光炯炯。谁能料想，这一上路，就是二十年。雪山、深谷、湍流；冰雹、飞石、野兽。山难越，水难蹚，路难走。饿了啃一块糌粑，渴了捧一口山泉，困了蜷缩在山洞……夏天一身泥，冬天一身雪，风雨相伴，风雨无阻。一条马班邮路，王顺友走得惊心动魄、险象环生。

再大的苦也要忍，不能给党丢脸

四川木里藏族自治县地处青藏高原东南缘，这里高山绵延起伏，全县海拔在五千米以上的大山有二十多座，平均海拔三千一百米，生活和工作条件十分艰苦。王顺友负责的邮路从木里县城经白碉乡、三桷桠乡和倮波乡至卡拉乡，往返里程五百八十四公里。1999年，王顺友开始负责县城至白碉乡、三桷桠乡、倮波乡三个乡邮件的投递工作，这条邮路往返三百六十公里，他每月两个邮班，一个邮班来回十四天，他每月有二十八天要徒步跋涉在这苍茫大山中的邮路上。

从海拔近五千米到近一千米，气温从零下十几摄氏度到近四十摄氏度，依次经过察尔瓦山、雅砻江河谷、座窝山、矮子沟、鸡毛店山、山王庙峰、刀子山等大大小小的山峰沟谷，穿过四片野兽出没的原始森林。必经之地察尔瓦山，气候异常恶劣，一年中有六个月冰雪覆盖，气温达到零下十几度。而一旦走到海拔一千多米的雅砻江河谷时，气温又近四十度，酷热难耐。从白碉乡到倮波乡，还要经过当地老百姓都谈之色变的“九十九道拐”。这里，拐连拐，弯连弯，山狭路窄，抬头是悬崖峭壁，低头是波涛汹涌的雅砻江，稍有不慎，就会连人带马摔下悬崖掉进滔滔江水中。这就是王顺友走了二十年的邮路！在这条路上，没人能和王顺友比速度，他顽强无比。

2002 年 12 月，日本 NHK 电视台专程来到木里，对王顺友负责的邮路进行跟踪拍摄。摄制组用四天的时间只走了八十多公里，最后实在走不动了，只好坐车返回木里，然后转西昌、过冕宁，再经甘孜州九龙县到达倮波乡，这一圈，他们绕了六七百公里才进行完邮路终点的拍摄工作。出发前，他们和王顺友打赌说：看谁先到达倮波乡。然而，令日本摄制组万万没想到的是，当他们坐车到达倮波乡时，王顺友已牵着那头白骡子等他们半天了。日本记者被王顺友征服了，他们伸出大拇指说，王顺友，好样的，你是真正的男子汉！

王顺友和乡亲们

在这条路上，没人能替他分担这近乎残酷的艰苦，他一肩挑、一人扛。当万家灯火、家人团聚的时候，王顺友只能一个人蜷缩在山洞、牛棚、树林里或露天雪地上，只有骡马与他相伴。冬天一身雪，夏天一身泥，饿了就吃几口糌粑，渴了只能喝几口山泉水或吃几块冰。到了雨季，他几乎没穿过一件干衣服。由于常年风餐露宿，喝酒驱寒，王顺友的身体一堆毛病，胃病常年伴随他，他的心脏、肝脏、关节也经常受到病痛的折磨。四十岁的他，脸色黝黑，眼窝深陷，皱纹有如刀割，爬满了消瘦的脸庞，人看上去似乎已五十有余。

在这条路上，没人比他更乐观，他苦中作乐，以苦为乐。王顺友是苗族人，唱山歌是他从小到大的爱好。大山深处，常常走上一两天都见不到一个人，孤单寂寞时，他就亮开嗓子纵情地高唱山歌：“月亮出来照山坡，照见山坡白石头。要学石头千年在，不学半路丢草鞋……”

面对这绝无仅有的困苦，这个外表矮小、干瘦、背驼的男子汉以顽强的意志战胜了孤独寂寞和艰难险阻，每年投递报纸八千四百多份、杂志三百三十多份、函件八百四十多份、包裹六百多件，为大山深处各族群众架起了一座“绿色桥梁”。

正如他自己所说：“搞好本职工作是我的责任，再大的苦也要忍了，不能给党丢脸。”

送信就是为党做事，
为党做事的人要像个英雄

邮路上气候恶劣，空气稀薄，道路险恶，行走困难，经常会遇到冰雹、飞石，还会遇到野兽的袭击，一个人行走异常危险。当地人走这条山路都是和马帮结伴而行，只有王顺友总是独自一人风雪无阻地行走在这条路上，露宿在荒山野岭，熟识的村民送他一个外号，叫“王大胆”。“王大胆”的胆量已经被考验了无数次。

2000 年 7 月，王顺友翻过察尔瓦山，途经树珠林场时，从树林中突然跳出两个劫匪，距他只有几米远，恶狠狠地大声冲他叫喊：“把钱和东西全部交出来！”

面对匪徒，王顺友没有胆怯，他以更高的声音正气凛然地喊道：“我是乡邮

员，是给大家送报纸信件的！要钱没有，要命一条！”

说话之间，王顺友靠向自己的马，从背篓中拔出了刀子，欲与匪徒搏斗。两个匪徒见王顺友一身正气没有一丝胆怯，穿着邮政标志服，又带着刀，不知如何是好。趁匪徒愣神的工夫，王顺友急中生智，纵身上马从匪徒身边冲了过去。

接触王顺友的人常说他有一种英雄情结。王顺友爱看电影，特别爱看关于英雄的电影，最佩服《英雄儿女》中的王成。他说：“王成和我一个姓，他不怕死，为了党，命都敢丢。我要是生在战争年代，我一定会去当兵，为人民冲锋陷阵。现在没有打仗的机会了，把信送好就是为党做事。人总有一死，如果为工作而死，值得。”

送邮路上，险象环生

1988年7月的一天，王顺友送倮波乡的邮件来到雅砻江边，他把溜索捆在腰上向雅砻江对岸滑过去。不料，快到对岸时，溜索上的绳子突然裂断，王顺友从两米多高的空中摔在河滩上，邮件包从背上弹落在滔滔的雅砻江中顺江漂去。王顺友“呼”的一下从河滩上爬起来，抓起一根树枝跳进湍急奔流的江中打捞邮件包，几经搏斗，王顺友硬是从汹涌的江水中把邮件包抢了上来。此时，王顺友累得瘫倒在河滩上。可他只休息了一会儿，便又背上邮件向倮波乡艰难地走去。

哎……我从北京赶回来哟，
乡里乡亲等着我噢；
牵着马儿就上路哟，
送去党的好声音噢喂！

——摘自王顺友自编的山歌

新时期共产党员先进典型、四川省凉山州木里藏族自治县马班邮路乡邮员王顺友，为了传递党和政府的声音，为了传递人民群众的信件，在大山里默默行走了二十年。他的感人事迹被报道后，引起全国广大读者、观众的强烈震撼和反响。受各地邀请，王顺友从2005年5月23日起一直在外参加各种活动，其间还受到党和国家领导人的亲切接见，6月29日15时多才回到木里。在王顺友离开木里的这段时间，县邮政局临时聘请了一个当地老乡为他代班。

王顺友说：“受到那么多人的关注，得到这么高的荣誉，都是源自党的培养、源自我对这份工作的尽心尽责，我不能骄傲、不能停下来，我要更好地去走好马班邮路，所以我准备明天就上路。”

为做好第二天上路的准备工作，29日下午刚回到木里，王顺友就匆匆赶到县邮政局分发邮件、办理手续，一直忙到晚上7时。

30日一大早，县邮政局用邮车将王顺友和邮件送到十多公里外大山里的家中。县城不能养马，这儿才是王顺友马班邮路出发起始点。9时17分，县邮政局邮车邮件一到，王顺友和家人即备马上鞍、准备行囊。除了两捆邮包，王顺友的行囊很简单：一袋干粮、一袋饲料、一顶帐篷、一壶白酒。王顺友说：“路上太孤独了，没有酒走不下来。”

在家人的帮助下，王顺友的行囊很快就上马捆扎完毕。轮到捆扎邮包的时候，王顺友坚决不要其他人动手帮忙，他自己将两大包邮件抱上马后，捆了扎、扎了解、解了又捆，来来回回折腾了几次，最后王顺友双手拉着马背上的包裹，使劲地摇，直到确信邮包不会滑落才

王顺友在认真检查信件

王顺友在捆绑包裹

妻子韩萨帮助王顺友从邮局背回沉重的邮件包裹

马班邮递员王顺友和他的枣红马

王顺友在邮路上休息吃饭

罢休。

妻子韩萨倚在墙角默默地看着他，直到王顺友牵着马走出家门，也没有说一句话，依依不舍之情令人动容。女儿则在屋里忙前忙后准备午饭。

二十多年乡邮工作，这样的“出发”早已成为王顺友一家生活的习惯，没有嘱咐、没有叮咛，甚至连招呼一下都没有，王顺友牵着马、唱着山歌就上了屋后的山。三个小时之后，他将到达第一个送信点——树珠村，在那里王顺友将吃上这次行程的第一顿饭。

走在马班邮路上的王顺友

“哎……我从北京赶回来哟，乡里乡亲等着我噢；牵着马儿就上路哟，送去党的好声音噢喂！”王顺友的背影在大山中慢慢隐去，而他的歌声还飘荡在幽静的山谷中。

木里藏族自治县位于四川省西南部，紧连青藏高原。这里群山环抱，地广人稀，平均每平方公里的地面上只有九个人。全县二十九个乡镇中有二十八个乡镇不通公路，不通电话，以马驮人送为手段的邮路，是当地乡政府和百姓与外界保持联系的唯一途径。全县除县城外，十五条邮路全部是马班邮路，而且绝大部分在海拔四千米以上的高山。以共产党员王顺友为代表的马班邮递员几十年如一日，冒着生命危险跋涉在人迹罕至的高寒深山，为各族群众送信送报，确保全县所有乡镇通邮，受到当地各族群众高度赞誉。

2005 年 1 月 6 日，王顺友送完倮波乡的邮件准备返回白碉乡时再次遇险。当他刚要上横跨雅砻江的吊桥时，吊桥的一根钢绳突然断了，整座吊桥翻了个一百八十度，正走在桥上的一个马夫由于手快，伸手抓住了另一根钢绳，慢慢地爬回了岸边。另一个马夫和九匹骡马则全部坠入江中，瞬间就淹没在湍急的江水中，紧随其后的王顺友吓出了一身冷汗。看到当时场景的人在为王顺友感到庆幸的同时都问他：“你害怕吗？”王顺友说：“哪个不害怕哟，但是人总有一死，如果是为工作而死，值得！”

正是凭着这种极端负责的工作态度，二十年来，王顺友没有延误过一个班期，没有丢失过一个邮件，没有丢失过一份报刊，投递准确率达到 100%，为中国邮政的普遍服务作出了最好的诠释。

2001 年，他被四川省邮政局评为四川省邮政劳动模范；2001 年 5 月 1 日，成为全国“五一劳动奖章”获得者；2005 年 4 月，中共四川省委授予王顺友同志四川省“优秀共产党员”称号，国家邮政局授予王顺友同志“全国邮政劳动模范”称号；2005 年 5 月 1 日，中华全国总工会授予王顺友同志“全国劳动模范”称号。

（本文选自中国党建网）

“魅力老师”郭力华

文/岳　钦

人民教师郭力华

有的人已经死了，但她还活在很多人的心中。“全国模范教师”郭力华就是这样的人。直到今日，郭老师的学生们还会经常想起这位可敬可爱的老师。“我上大二时，郭老师教过我们的生态学。我们都特别喜欢听她的课，在我们眼中，她是一个非常有魅力的好老师。今年8月，她却从我们身边永远地走了，她的音容笑貌至今还时常浮现在我们脑海中。”海南师范大学生物系大学四年级学生小丁说起郭力华老师，悲伤和惋惜的神情浮现在他年轻的脸上。

魅力老师：将枯燥变成生动

郭力华老师曾是海南师范大学生物学教授、硕士生导师、系党总支书记。郭力华老师先后承担过八门课程的教学工作，她上的课总能获得学生们的广泛好评。如《中学生物教学法》这门课，虽说是专业课，可一直不受学生重视，往往是逃课的多过听课的，七八十人的大教室能坐着一半人就很不错了。自从郭力华教这门课，情形就大不一样了，每次都是座无虚席，即使下课铃响了，学生们还是恳请她再讲下去。

郭力华到底有什么妙招呢？生物系的黎志灵老师给我们讲了一件事。有一次出于好奇，她悄悄进入课堂，想一探究竟。不知不觉中，她被一种激情感染了。郭力华讲课时的笑容、眼神、语速，抑扬顿挫，像个专业演员。她用大量教学实例来诠释教育理论，她将捕捉到的国内外先进教育教学理念和信息快速传递，同时她不失时机地讲述优秀教师教书育人的事迹。原本枯燥的内容，被她讲得生动有趣。黎志灵老师被深深折服了。郭力华曾多次获得海南师范大学“最受毕业生欢迎的任课教师”称号，学生们更是送给她一个雅号：“魅力老师”。

好妈妈：对学生就像自己孩子

郭力华善良、博爱、热情、高尚，讲台上她是威严良师，讲台下她是挚友亲人。在学生眼中，郭力华教授不仅是一位老师，更像一位和蔼可亲的母亲。她对待学生就像对待自己的亲生儿女一样，无论是在学习上，还是生活上，都给予无微不至的关怀和照顾……

“听郭老师的课一点负担都没有，在课堂上就像把自己交给了她那么放心

轻松，任她带领我们去领略知识的无穷魅力。”讲起郭老师上课的感觉和情形，生物系生物技术专业的小丁记忆犹新。“有时在课堂上她不直接叫我们的名字，而是称呼我们为‘丫头’‘孩子’，这让我们觉得非常亲切，就如在家里听我们自己的妈妈在和我们讲道理。而回答问题时，如果我们回答错了或者没有回答到点上，她从不会直接告诉我们说错了。她总是能从另一个侧面找到我们回答中的亮点来鼓励我们。”

来自安徽贫困山区的学生程松林，由于家乡遭遇水灾，洪水无情地冲走了他家的房屋和所有财产，家中一贫如洗。他揣着家人好不容易借来的路费，背着书包只身来到学校。入学时身无分文，手捧着入学通知书，却因缴不起学费而黯然神伤。郭老师找到他，对他说：“你的情况我知道了，有困难我们一起来承担！”在无助中听到这温馨的话语，让程松林不禁潸然泪下。简简单单、寥寥数语，却让彼此的心紧紧地连在了一起。随后，郭老师替他交了学费，买了生活用品，让他安心学习。

小丁深有感触地说：“郭老师对我们学生太好了，她对学生的关爱超过了一般师生之间的感情，她更像是一个好‘妈妈’。”

甚至学生们发给她的每一条祝福短信，她都一一回复；学生们跟她诉说的每一件小事，她都时时牵挂。多少次她都亲自走访学生宿舍，把遇到困惑的孩子带回自己的家，像母亲一样为他们烧饭做菜，开导谈心，她总是用自己的真诚赢得学生们的信任，最后结下了像母子一样的深情。

在同事眼中，她不仅是领导，更像是一位大姐，总是给人无微不至的关心，全心全意地为他人服务，为广大生物系教职员工服务。老师们有苦恼有困难都喜欢找她说，她也热忱地帮助大家排忧解难，深得同事的信赖和拥护。她的关爱使教职工心情舒畅地投入教学改革，全体员工发扬艰苦创业、无私奉献的精神，使生物系各项工作都走在了学校的前列。

难舍讲台，来生还要做老师

早在2005年，郭力华老师就经常出现腹痛等症状。2006年暑假，学生的科研论文写作进入了关键阶段。此时，郭力华的病情开始加重，经医院检查，诊断为“胆总管癌晚期”。后来，她背着同事、亲人去做了第一次手术。

2007年春节前，病重的郭力华到北京三〇一医院做第二次手术。

从2006年9月至2007年1月，在等待第二次手术的日子里，郭力华还为五百名赴贫困山区顶岗支教的师范生上了四节示范课；为从贫困山区来到师范大学参加培训的教师讲了教法讲座。

术后住院期间，郭力华不止一次地说：“我这辈子没有什么遗憾的，就是当老师还没当够！”她挂念自己的儿子——“小调皮鬼”考上了海南师范大学艺术系，她希望儿子也能当一名光荣的人民教师；她想念学生们，每天给他们发出四十多条短信，通过QQ或电子邮件为学生答疑……

郭力华牵挂着她的学生，学生们也为她的病情而担忧。在得知郭力华的病情后，很多学生前往医院探望，并在病房门前的留言本上留下了一份份祝福。

然而，大家的祝福没能挽留住郭力华离去的脚步。2007年8月7日，郭力华老师在海口逝世，终年四十四岁。

（本文选自《南国都市报》）

她给孤寡老人一个温暖的家

文/良　子

豹爱芳

她十六岁“结缘”昌江十月田敬老院，二十二年如一日独自照顾二十多位孤寡老人，直到皱纹悄悄爬上了她的眼角。她不是这些孤寡老人的女儿，但她在这些老人眼里比女儿还亲。保梅岭下，昌化江甘甜的水哺育了这位美丽的黎族姑娘，她就是曾荣获民政部最高荣誉奖“孺子牛奖”的豹爱芳。

豹爱芳曾先后荣获海南省劳动模范、海南省优秀共产党员、第七届中国青年五四奖章、全国劳动模范等荣誉称号。

她是孤寡老人的亲人

昌江十月田敬老院里，院中绿树婆娑，六间瓦房坐落其中。几个老人在健身器材上锻炼身体，从老人的笑声里，可以感受到这里的温馨和欢乐。

一位三十多岁的妇女正将一位老阿婆搀出房间，她在石椅上垫了一个厚棉垫后扶老人坐下。她就是这家敬老院的管理员，三十六岁的豹爱芳。一双真诚的眼睛，一张爽朗的笑脸，豹爱芳给人的印象是热情而又朴实。

豹爱芳端起一碗稀饭，一勺勺地喂老阿婆，给老人喂完饭后，她又忙着走进房间为老人整理被褥，麻利地将六个房间收拾干净后，她又端来一大盆水，弯着腰将老人换下的一大堆衣服洗了起来。

谈起豹爱芳，老人们像是在夸自己的女儿，又爱又疼，感激之情写在老人的脸上，八十岁的吉阿婆说：“她每天都是这样，一大早要为我们做早饭，还要为不能自理的老人喂饭，然后整理被褥，打扫房间。”

阿婆1984年来到了敬老院，豹爱芳比她的女儿还要亲。“没有阿芳的精心照顾，我早就死了。”吉阿婆说，几年前的一个晚上，她感冒、发烧，又拉肚子，那天晚上刮台风，风雨很大，阿芳背着她就往镇医院跑，路很滑，她整个人摔倒在地上。怕吉阿婆被雨淋了，阿芳将自己的衣服蒙在她身上。“阿芳在医院陪了我整整一夜，还买好早餐喂我吃，孩子辛苦啊！”吉阿婆说这话时流下了眼泪。

她给老人一个温暖的家

十月田敬老院里，最大的老人九十六岁，最小的七十三岁。其中两位是盲人，一位瘫痪，三位不能自理，豹爱芳在敬老院工作的二十二年间一共照顾了二十多位老人。

二十多年前，豹爱芳在十月田的幼儿园做幼师，原敬老院管理员张阿姨跟丈夫调到县城工作了，没人愿意到敬老院做这份又脏又累的工作。豹爱芳当时只有十六岁，年轻、俏丽的她住进敬老院开始侍候这些老人。

疾病缠身的老人生活很单调，经常郁郁寡欢，为了丰富老人的生活，豹爱芳将自家的收音机拿到敬老院，让老人听广播故事，听音乐。她还给老人唱歌跳舞。有了她，从前冷清的小院充满了生机。当时的十月田是个贫困乡镇，敬老院的经费少，生活总是捉襟见肘。当时豹爱芳的工资仅有八十元，但她经常从自己微薄的工资中拿出钱补贴老人的日常开销。

为了改善老人的生活，豹爱芳自己动手在院子里种蔬菜，养鸡鸭。她的父亲和妹妹也来帮忙锄草、择菜。

“她精心打理敬老院，把这里当成自己的家，克服了很多的困难，没有阿芳，就没有敬老院的今天，我们这些没儿没女的老人也不能生活得这么有滋有

豹爱芳：花样年华守护夕阳红

豹爱芳精心照顾老人

味。”七十三岁钟国彪老人这样说道。眼前的敬老院绿树青青，杧果树、杨桃树散发着果香。二十二年的辛勤付出，豹爱芳凭着一颗爱心，让这些孤寡老人有了自己幸福的家。

豹爱芳与老人朝夕相处，把病重老人视为自己的亲人精心照顾。每位老人过世，她给老人洗最后一次澡，换上干净的衣服，为老人选好墓地，买来棺木，安葬老人。

最美好的青春献给敬老院

豹爱芳照顾孤寡老人的动人事迹感动了人们。1998 年她被选为海南省第二届人大代表，2002 年接连被评为海南省十大杰出青年。2003 年，豹爱芳被团中央、全国青联授予中国青年五四奖章，还受到党和国家领导人的亲切接见。2001 年，豹爱芳的事迹在中央电视台《东方之子》栏目播出后，在全国引起强烈反响，各地群众纷纷来信鼓励她，其中有许多求爱信。

为了照顾老人，豹爱芳的婚姻也耽误了。“要想娶我，就搬到敬老院来，和我一起照顾老人。”很多慕名求爱者到敬老院查看一番就被吓跑了。直到 2003 年，豹爱芳认识了李国辉。李国辉每星期从白沙来到敬老院与豹爱芳一起照顾老人，为老人做饭，梳头。豹爱芳为李国辉的真诚所感动，与他在敬老院举行婚礼。敬老院的老人高兴得合不拢嘴，都像嫁自己女儿似的，穿新衣、戴红花为她祝福。

当别人问到她为敬老院这样付出后不后悔的时候，豹爱芳坚定地说：“我不后悔，只要老人需要，我愿意在这里干一辈子。”这就是豹爱芳，从十六岁到三十八岁，她把人生中最美好的青春献给了敬老院，朴实真挚而无怨无悔。

（本文选自新华网）

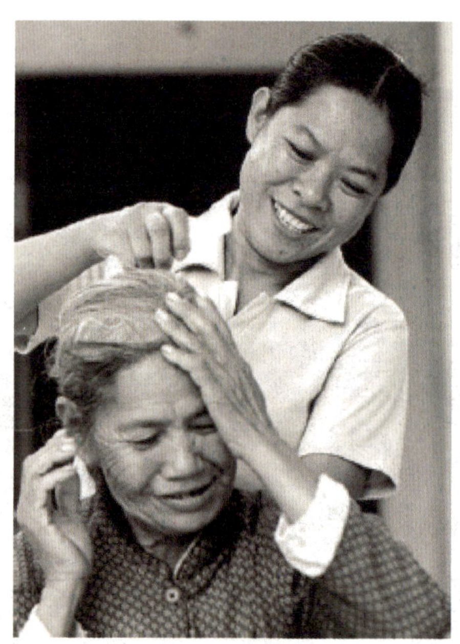

豹爱芳照顾孤寡老人

卖羊肉串的“慈善家”

文/戴　岚

他历经八年，烤卖三十万串羊肉串，攒下十多万元钱，全部用来捐款助学。他，就是从新疆巴音郭楞蒙古自治州和静县走出来的“草根”慈善家阿里木。

四十年前，阿里木出生在新疆巴音郭楞蒙古自治州和静县。1998年初夏，他怀揣着五百元钱，开始了创业生涯。

“其实，这也是我流浪生涯的开始！”回忆起那一段段揪心的往事，阿里木哽咽得说不下去。然而，他更愿意讲述他遇到的好心人，他得到过的帮助。

他感恩，乃至最终选择落脚在大西南的贵州毕节。人地生疏，身无分文，一位素不相识的刘姓大哥借给他一百元。他在临街巷道里支起了烤羊肉串的摊点，生意逐渐红火起来。从此，阿里木在毕节落脚。这座城市带给了他温暖和信任，他决定用自己的勤劳回报这里的人民。

在毕节站稳了脚跟，阿里木想把生意做大，挣更多的钱，去帮助更多需要帮助的人。

从此，阿里木在艰辛忙碌的烤羊肉串中，找到了付出的价值。

三十万串羊肉串资助百名贫困学子

2002年，阿里木路过贵州镇远县，参与扑救一起山火，当地政府奖励他三百元现金。“我不是冲着钱才去救火的，这笔钱我不能花，一定要送给有需要的人。”阿里木将这笔奖金连同自己身上的两百元钱，捐给了毕节学院一位因贫困濒临辍学的女生。

“只有教育才能改变人的思想和命运。”只身闯荡，历经艰辛，阿里木对文化教育有着近乎崇拜的尊重，“我读书不多，只会烤羊肉串，绝不能让那些贫困的孩子们和我一样。”

如今已是毕节市大方县羊场镇理化中心音乐老师的赵敏清晰地记得：2002年深秋，正在上大学二年级的她，因母亲去世，学费没了着落。“听到老师喊我的名字，说有人要帮助我。我将信将疑地走出教室，见到一位素不相识的新疆大哥。他拿出五百元交给我，说：‘希望能帮你渡过难关。’”赵敏接过钱，含泪向好心人深鞠一躬。阿里木愣住了：“我第一次感受到五百元钱对于贫困学生的重要。”

从此，阿里木卖烤羊肉串的收入，大多用在了捐资助学上。卖肉串，过去仅是他的生计，而这之后似乎多了些别的意味。

阿里木几乎没有存款。他喜欢把挣来的钱一股脑儿塞进抽屉，用时再抓一把出来。到底赚了多少，资助了多少，他也没个准数，“这么多年，有多余的钱了就去资助，直接资助的学生有一百多个，加起来有十多万元吧。”

卖一串羊肉串，毛利不过三毛钱，搁在两年前，毛利仅两毛钱。攒十万元，至少要卖三十多万串。

两位书记力挺新疆烤串汉子

2010年9月，阿里木获评贵州省道德模范。到任刚满一个月的贵州省委书记栗战书被其感人事迹深深打动，并号召全省人民向阿里木学习。栗战书深情地说：“阿里木身上体现出来的不仅仅是中华民族的传统美德和社会主义的新风尚，他作为一位维吾尔族同胞，他的所作所为是我国少数民族同胞衷心拥护党、拥护社会主义、热爱祖国、维护中华民族大团结和祖国统一的真实写照，是维吾尔族与汉族和各民族和睦相处、共同走向富裕文明的缩影。”

新疆维吾尔自治区党委书记张春贤得知阿里木的事迹后亲笔批示：“我为之动容！他是新疆各族人民的一员，是新疆人民的好巴郎！我投阿里木兄弟一票。”

活清贫简朴却满足而快乐

这些年，总共帮助过多少人，阿里木自己也说不清楚。

2008年8月的一天，阿里木在烤卖羊肉串时无意中听说，长春堡镇有座小学，一百零一个贫困学生连书包都买不起，上学时孩子们要抱着或用布兜子兜着书本。阿里木赶紧打听，得知那座学校叫干堰塘村小学。于是他买了一百零一个崭新的书包，带上两个帮手，冒雨出发。由于山区不通车，他们在六七十度陡峭的山路上跋涉六个多小时，最终将一百零一个书包送到贫困儿童手中。

阿里木成名后，生活依旧简朴，依旧有滋有味地卖着肉串。在阿里木租住的陈旧砖木房内仅有房东留下来的几件简陋家具，摆在客厅里的台式电脑，是他最值钱的物件。记得两年前，他唯一的电器是悬在天花板上的电灯。

二十元的土布褂子，十五元的粗毛衣，八元的布鞋，二十元的蓝布裤子，一穿就是好几年；一个馕加一杯水，常常打发掉一顿饭；他喜欢吃水果，为了省钱他常常挑快烂了的买，削掉坏的部分再吃；为了省钱，阿里木经常会一次买三大袋馕，饿了时，他就拿一个出来吃，认为这样好吃又省事。

即使是这样清贫的生活，阿里木却非常满足，“很多有钱人把自己的生活弄得太复杂，我不喜欢。生活嘛，吃饱就可以了，我现在就是一个很快乐的人。”

帮助别人的人永远记得帮助过自己的人

“他们都说阿里木的爱心感动了他们，其实我更想说的是，他们也在感动着我。”阿里木说。

2002年，刚到毕节的阿里木孑然一身。“只有十块钱和一个烤箱，住店花了一块钱，买一块钱的馒头，一块钱的荞面凉粉，六块五毛钱买一斤羊肉，穿成三十五串，能卖十七块五毛钱。卖了二十串，没有经营执照，烤箱被没收了。”

“这世上总有好人。”阿里木说，在他最困难的时候，素不相识的酒吧老板刘老二给了他一百块钱，还帮自己在酒吧前摆起烧烤摊。后来自己拼命做生意，

阿里木的家

卖羊肉串的“慈善家”阿里木

阿里木在毕节街头卖烤羊肉串

五天就把钱还清了。

饿肚子时，一个农民工兄弟请他吃过一顿两块钱的豆花饭。“我知道他赚两块钱也不容易，那是我这辈子最难忘的一顿饭。”说起以前的苦日子，阿里木满心感激：“我没有钱、肚子饿的时候，捡垃圾吃，有好心人看到，就请我吃饭；来毕节的第一年，还有人邀请我去他家里过年。还有很多事情，他们给我的帮助，就像阳光一样温暖着我，我就想，社会上有这么多好人，我也一定要好好报答这个社会。”

“人关心人多一点，这个社会就多一点和谐。”阿里木说。善良如阿里木，以并不丰裕的收入却念念不忘资助他人，不求回报，无涉名利，看似平常之举，却饱含着绝非平常的高尚精神特质。

“我做的一切，都是对那些在自己困难时刻伸出援手的好人的感激。”帮助别人的阿里木，也永远记得在困难时帮助过自己的人。

“把字写在沙子上”不如“写在石头上。”

建立“阿里木助学金”

四年前，阿里木揣着五千元钱，来到毕节学院，提出想资助一些困难学生。

“一大摞钱，什么面值的都有，还带着一股子烤羊肉串的味道。”毕节学院党委副书记汤宇华清楚地记得，“我们的心情非常沉重，这个社会上有的是比阿里木生活宽裕的人，这对他而言，几乎是倾其所有。”很快，毕节学院决定配套五千元，将这笔全校金额最小的助学金命名为“阿里木助学金”。

2002 年，他去医院看望朋友，见到邻床有一个男孩脸肿得吓人，“他叫周勇，十一岁，患有肾病，由于父母交不起医药费，只好提前出院。我马上把他们拦下来，掏出身上仅有的两百多元，先垫付了些医药费。”第二天，阿里木找到周勇就读的学校，说服学校发起募捐，“一毛、两毛、十元、二十元，全校师生共捐了一万多元。”

2005 年，阿里木得知就读于中央民族大学的彝族学生李英因家庭贫困利用假期到煤矿当矿工挣钱，他坐了四个多小时的摩托车找到李英，为李英在银行开了账户，每个月打入一百元，直到李英毕业。

如今，阿里木又开始考虑更长远的资助计划，他打算未来十年攒钱办一所留守儿童学校，让那些得不到父母温暖的孩子能接受好的教育。

用国歌和国旗把爱传递下去

阿里木十八岁时来到戈壁滩开始了军营生活。这是阿里木一生最珍惜的时光。在部队里，从来没唱过汉语歌曲的他，学会的第一首汉语歌曲是国歌。除了国歌，阿里木心中还藏着一面红色五星红旗：“在部队，我才真正地知道了国旗上那五颗星星的含义，那代表着我们的大团结。”

2007 年 11 月，得知大方县达溪镇聚河小学大部分学生没有书包后，阿里木从批发市场买了一百八十一个新书包。翻山越岭两个多小时后，阿里木走进聚河小学破旧的教学楼，将新书包递到每一个孩子手中。事先得知聚河小学长时间没举行过升旗仪式，阿里木还特意带来了一面五星红旗。架竹竿，穿旗绳，阿里木和师生们站在狭窄的操场上唱起国歌，一起注视着五星红旗在山沟里冉冉升起，迎风招展。

“除了维吾尔族人天生的善良和热

阿里木和毕节山区的贫困学生合影

心肠，部队让我懂得一个军人的职责，这是我一辈子的本钱。”阿里木朴实地认为，“我当兵时的老班长说过一句话，小的是家，大的是国家。国家和人民需要你的时候能站出来的，都是英雄。”

2010年4月14日，得知玉树地震的消息后，阿里木第三天就携带装有行军床、被褥以及锅碗瓢盆的两大包行李，从贵阳飞往西宁，奔赴玉树救援。强忍着高原反应带来的头痛欲裂和恶心呕吐，阿里木带着在西宁用八千多元购置的牛肉和蔬菜，赶到灾区协助部队官兵施救。

“地震太惨烈了，大家只有携起手来，才能共渡难关。”在随后的六天里，阿里木如重回军营般，协助战士们抬伤员、架帐篷、卸物资，“救援步入正轨后，我就带着两套衣服和一双鞋回家，其余的都留给灾民了。”

更多的“阿里木”在涌现

许多人在阿里木的感召下，开始投入捐资助学的行列。毕节学院党委副书记汤宇华说，如今，学院每年为贫困学生发放的来自社会各界的一百多万元助学金，“其中不少都是在听说阿里木的事迹后，主动跟学院联系捐助的”。

新疆和静县阿拉沟乡团委书记阿力特才次克说，她可能做不到像阿里木那样倾其所有去帮助他人，但她也会选择助人为乐的生活方式。

十一岁的阿布都外力腼腆地告诉记者，阿里木叔叔一直在资助他上学，将来他也要成为阿里木叔叔那样的人，去帮助别人。

阿里木受教育不多，却对教育有着近乎崇拜的尊重，“只有教育才能改变人的思想和命运”“省下的钱，帮那些孩子学文化，心里很开心。”阿里木说。

一个普普通通的阿里木让整个新疆沸腾了，特别是他的故乡新疆巴音郭楞蒙古自治州和静县。在这个安静的县城里，人们都在传颂阿里木的爱心和善良。

阿里木不仅是和静县的骄傲、巴州的骄傲，更是新疆的骄傲；不仅是维吾尔族的光荣，更是新疆各族人民的光荣；阿里木不仅是“烤羊肉串的慈善家”，更是两千一百多万新疆各族人民的“形象大使”。

（本文选自天山网）

超越民族和血缘的母爱

文/武 威 何 涛

阿里帕·阿力马洪老人

“世上只有妈妈好，有妈的孩子像个宝，投进妈妈的怀抱，幸福享不了……”这首耳熟能详的儿歌，曾使无数国人潸然泪下。从1963年起，新疆阿勒泰地区青河县的维吾尔族老妈妈阿里帕·阿力马洪曾先后养育了十九个孩子，而其中十个孩子是来自四个不同民族的孤儿。

五十年来，无论经历多少坎坷，阿里帕都用自己的行动证明，每个孩子都是她的心肝宝贝；无论面临多大的困难，只要听到孩子的啼哭，即使不是亲生骨肉，阿里帕都愿意张开妈妈宽广的怀抱。

美国热播的《中国国家形象片——人物篇》中，阿里帕成为所有中国母亲的代表，向世界展示中华民族的善良与慈爱。但面对如此崇高的荣誉，年逾古稀的阿里帕却自谦地说道：“我只是做了一个母亲应该做的事情。”

“只要你走进阿里帕妈妈的家，喝上一杯热奶茶，你便能感受到她无处不在的母性气场，在我心里，常常情不自禁地把她当作自己的母亲。”樊琴，汉族，生于二十世纪七十年代，祖籍四川，现为青河县文明办负责人，她与阿里帕已相识十年，为其事迹深深打动，创作了文学作品《阿里帕的故事》。

在篇首语中，樊琴这样写道：“一份超越民族与血缘的大爱，一张展示家与国之间息息相关的图谱，一段凝聚着苦与泪却温情隽永的历史，将厚重的结牢牢系在一个维吾尔族母亲身上，她就是青河县的阿里帕·阿力马洪。”

五十年来，阿里帕与丈夫阿比包先

后收养了汉、回、维吾尔、哈萨克四个民族的十个孤儿。2008年8月，操劳一生的阿比包病逝，子女们争抢着赡养阿里帕。每到过年过节，孩子们都会回家团聚，这个家如今已有一百八十多人。

当家大姐照顾六个弟妹

樊琴介绍，“阿里帕”在维吾尔语中意为把人们引到正路上的带头人。父亲阿力马洪希望阿里帕能走正路，走好路，靠吃苦的精神努力过上幸福生活。1956年，十七岁的阿里帕跟随父母回到了他们魂牵梦绕的祖国，定居青河县。

不幸的是，1960年，阿里帕的父母在一周内相继去世，留下了孤苦的阿里帕和她的六个弟弟妹妹。年仅二十岁的阿里帕就要担起支撑整个家庭的重责，当时弟弟霍帕尔十六岁，妹妹玛丽亚十三岁，阿美娜十岁，肉孜汗五岁多，卡里恰姆三岁，哈帕尔只有一岁，年轻的她根本不知道该用什么方法来养活这几个弟弟妹妹。

无奈之下她听从了邻居的意见——找对象，和丈夫一起照顾她的弟妹。当时的阿里帕非常漂亮，但她征婚的条件竟然是要一起抚养六个弟妹，这让不少仰慕她的小伙望而却步。最终，比阿里帕大十岁的阿比包来了。他很诚实，有稳定的收入，这让阿里帕一家的生活暂时有了着落。

可随着阿里帕自己的子女出生，为了照顾一家大小十几张嘴，夫妇俩不得不去各处打散工。阿比包做过铁匠，打过土方，在屠宰场里宰过羊，繁重的体力工作常常让他累得直不起腰来。阿里帕冬天替人缝补衣服，夏天替人放羊。有时候，为防止羊被狼吃掉，阿里帕和丈夫日夜都守护在羊群边，一次他们放的羊让狼咬死了五只，夫妇俩被扣了两个月的工资。可在孩子面前，小两口从不叫苦。

樊琴说，夫妇俩都没有多少文化，但他们却坚定地认为：有文化的人将来一定会有大出息。因此，阿里帕和丈夫省吃俭用把弟弟妹妹们相继送到了学校。他们有的上了高中，有的上了中专，有的还读了大学。

两代人一起长大，弟弟妹妹对父母的印象变淡了，却对姐姐、姐夫有很深

维吾尔族老妈妈阿里帕·阿力马洪

阿里帕·阿力马洪及其家人

的感情。每当有人提到“你们这些孤儿可怜”时，他们便会立即反驳说：“我们不是孤儿，我们是阿比包的娃娃。”

一口铁锅养大十九个孩子

因为阿里帕和丈夫阿比包都是孤儿，“惜惺惺怜同命”，尽管家境贫困，但善良之心却驱使他们去帮助孤儿。

1961年的冬天，托乎提三兄弟的父亲亚和甫永远离开了他们。阿里帕和亚和甫两家本是邻居，平时遇到什么困难，两家总是互相帮忙。1963年，加玛勒汗也溘然长逝，三兄弟一下子成了孤儿，虽然当时阿里帕一家的经济状况已经非常拮据，但夫妇俩立即收养了他们。

1977年，阿里帕的妹妹在医院门口发现了身染疾病、满头皮癣的王淑珍，将她领回家。阿里帕给她取了个维吾尔族名字叫哈比扎，意思是“维护、保护”。为治好王淑珍的病，阿里帕每天带她去县医院治疗，每晚用药水为她洗头。没过多久，王淑珍的病痊愈了，头上长出了浓密的头发，她开心地说：“太好了，别人再也不会叫我小癞子了。”她把头发看作妈妈给她最珍贵的礼物，如今发已过膝。

一年后，阿里帕又收养了王淑珍的三个回族兄妹王作林、王淑英、王淑花。1989年，王淑珍的继父金学军去世了，留下金海、金雪莲、金花三个汉族孤儿，阿里帕再一次敞开母性温暖的怀抱。为了不让孩子们饿肚子，阿里帕每天都要到菜市场捡别人不要的蔬菜，洗羊肠、羊肚赚钱。虽然家里养了两头奶牛，但谁也不舍得喝，全部卖了换钱以支付孩子们的学费和购买生活必需品。

至此，阿里帕总共收养了哈萨克、维吾尔、汉族、回族四个民族的十个孤儿，加上九个亲生儿女，她成为十九个孩子的母亲，六个孩子的姐姐。阿里帕的亲生大女儿卡丽曼说：“母亲对所有的儿女一视同仁，而儿女对她的感情也非常深厚，我父亲三年前去世的时候，养子养女都争着赡养她。”

所有儿女都记得家里那一口直径1.2米的大铁锅。阿里帕就是靠这口锅喂大了十九个孩子，事实上它还不够让每个人吃满一碗饭。“我们基本上只能吃些土豆，两三天才能吃到一顿面，母亲为了尽可能地让我们吃饱，做完饭就离饭锅远远的，只吃一点点麦粒。”

坚强母亲最懂孤儿凄苦

阿勒泰地区地广人稀，青河县附近只有几个星散的村庄。很多人都问阿里帕，为什么家庭经济这样困难，仍选择收养如此多的孤儿，阿里帕说：“我自己的娃娃有我和他们的爹，他们有什么？”

卡丽曼说：“母亲最了解孤儿的孤苦伶仃，不帮助，在阿勒泰这样恶劣的自然环境里，他们很可能都要饿死了。”

“妈妈常偏袒收养的孩子，我最小的亲妹妹到上初中时，都没穿过一件新衣裳。”卡丽曼回忆。

如今，操劳了一辈子的阿里帕已七十岁高龄，儿女们也相继长大成家，家庭成员一下子扩展到了一百八十多人。儿女们遗传了她无比善良的基因，都有一颗慈爱的心，经常帮助村里有困难的孤儿和百姓。

不是骨肉，但都是她的孩子，她展开羽翼，撑起他们的天空。风霜饥寒，全都挡住，清贫苦累，一肩担当。在她的家里，水浓过了血，善良超越了亲情。泉水最清，母爱最真！

我只做了母亲该做的事

1月17日，美国纽约时报广场播出《中国国家形象片——人物篇》，阿里帕头戴维吾尔族特色的花头巾，身穿一件鹅黄色长袍，以一位中国母亲的代表出现在全世界面前。但播出当日，阿里帕和她的儿女们还不知道有这样一回事。

“直到听到电视台的人来通知，我们才知道母亲上了‘美国电视’，大家都非常开心，母亲连声感谢党和政府的关怀，说自己只不过是做了一些母亲该做的事情，并不值得这样表扬。”卡丽曼说。

据新华社报道，阿里帕从未想过自己会成为国家形象的代表，“早知道是宣传我们国家的形象，我会好好准备一下，在乌鲁木齐定制一套漂亮的民族服装。”

谈到自己的愿望，阿里帕说：“今后如果听说周围有孤儿需要帮助的话，我还会去收养。对于这些孩子，我真心希望他们有美好的未来和幸福的生活。”

（本文选自大洋网——《广州日报》）

阿里帕老人七十岁生日时拍下的一张全家福

李春燕：苗寨的赤脚医生

文 / 岑大明

李春燕

她是大山里的赤脚医生，提着篮子在田垄里行医。一间四壁透风的吊脚楼，成了天下最温暖的医院，一副瘦弱的肩膀，担负起十里八乡的健康。她不是迁徙的候鸟，她是照亮苗乡的月亮……

一座充满诗情画意的山——月亮山，横亘在贵州的东南部。从江县雍里乡大塘村就深藏在这崇山峻岭之中。一个年轻瘦弱的女子，背着药箱低着头急急地行走在月光里，穿过那些坎坷的小路，走进一栋吊脚楼。屋里淡淡的灯光照着女子绯红的脸庞和她晶莹的汗珠。她就是月亮山里的赤脚医生李春燕。

今年二十九岁的李春燕，出生于从江县雍里乡宰略村的一个乡村医生家庭，父亲李汉明曾是乡卫生院院长，退休后，在自家开设了一间卫生室。耳濡目染间，李春燕渐渐喜欢上了医生这个职业。中学毕业后，李春燕被县卫生局推荐免费到黎平县卫校爱德班学习。1997 年完成学业，开始跟随父亲在村里行医。

命运的改变源自爱情。2000 年春节，李春燕在去邻村给村民看病的路上，碰到一个刚刚退伍的青年，邂逅的时候两人都愣住了：那人竟是孟凡斌——她曾爱慕过的少年。再度的邂逅，更像是缘分的召唤，他们恋爱了。

几个月后，李春燕第一次跟孟凡斌

去了他家——月亮山深处，几乎与外界隔绝的大塘村。跨进他的家门，李春燕心里一寒，所谓的家，不过是一栋破烂的吊脚楼，孟凡斌的父亲正生病卧床不起。老人看到李春燕，既高兴又激动，却因为病痛，只能躺在床上。李春燕的心酸楚起来，想象得出，因为贫穷，老人根本看不起病。她忽然决定留下来，给老人治病。

大塘村的医疗状况令李春燕难过：这是个被医学遗忘的村庄，三千多人的苗族村寨，村民生病只能步行到几十公里外的乡里或县里医治。高昂的医药费使不少贫困、愚昧的村民生了病不去就医，而去求神拜佛或请巫师驱神祛鬼，患者死亡率很高，在村里每年有二十多个新生儿降生，却有一半夭折。这里，太需要一位医生和一个卫生室了。

四天后，老人在李春燕的照料下，能下床行走了。李春燕也该回去了。还是来时的山路，只是两人一前一后地沉默着，似乎可以听到路边草丛中露水滴落的声音。忽然，孟凡斌转过身来一把拉住李春燕，急切地说：“春燕，嫁给我吧！”

接下来是沉默，在这样的沉默中，他觉得他要失去这个美丽的姑娘了。面对这种失去，他却是无助的。没想到，李春燕竟然不假思索地答应了，她说：“不过我有个条件，我要你在大塘村给我建一个卫生室，哪一天卫生室建成，哪一天我就嫁给你！”

两个人在晨光中勾住了小手指。

李春燕走了，而许诺建个卫生室却难住了孟凡斌——家里真的太穷了，除了两头耕牛，没有任何值钱的东西了，那两头耕牛，是家里生活的全部依赖。

这时候，沉闷许久的父亲开了口：“用两头牛换一个卫生室，用一个卫生室换一个媳妇、一个会治病的媳妇，值！”

牛就这样卖了，换来了一个简易的吊脚楼和一些日常用的药品。2001年5月1日，李春燕嫁到了大塘村，卫生室也在这一天开业了。这也许是世界上最简朴的婚礼和最简陋的卫生室了，但李春燕心满意足，因为爱，是饱满的。

卫生室虽开业了，但十几天后，却没有开张。习惯了“小病扛，大病顶，实在不行请巫师”的乡亲们，怎么也无法相信这个外乡嫁来的年轻女孩。大塘村曾有四个行医人，不懂西医，连听诊器也没见过，看病时大多只能凭借经验抓几副草药。但李春燕是“科班”出身，村民居然不信任她，这让她痛心，但痛心之余，她决定用医术与巫术斗一斗。

几天后，村中吴进玉家年仅六岁的孩子突然喊肚子疼，然后高烧不退。吴进玉夫妇没有带孩子去看医生，而是请了巫师来给孩子“治病”。得知消息的李春燕，飞快跑到吴家，冲过去扯掉巫师的面具，气愤地说：“孩子都病成这样子了，你还在装神弄鬼，孩子有个三长两短，你要负责的。”说完利索地拿出听诊器给孩子诊断。

孩子是患了肠炎引发高烧，她给孩子打了一针，几个小时后，孩子的烧渐渐退下了。

三天后，孩子的病治愈了。吴进玉夫妇领着孩子来到卫生室，孩子母亲在衣袋里摸索了半天，摸出了2.4元钱塞进李春燕的手里，小声说：“我们就只有这点钱，你看还差多少药钱，我们以后再想办法补上。”

李春燕的眼眶湿润了，她把钱塞回

吴进玉的手里，说："这次就不收钱了，孩子身子太弱了，这钱你拿回去给孩子买点补品吧，以后别再相信巫师了。"

消息在村里传开了，村民们开始来找李春燕看病了，吊脚楼卫生室渐渐地热闹起来。村民王时进十二岁的儿子王岁山患了肠套叠，为给儿子治病，家里值钱的东西都卖了，还借了几千元的高利贷，可是儿子的病没有任何好转。王时进夫妇带着儿子来到卫生室门前，几次想进门又退了回去，李春燕发现后，出门把他们叫进卫生室。经询问才知道他们没有钱，怕李春燕不收。李春燕给孩子诊断后，将王岁山留在卫生室里医治了一个多月，终于治好了孩子的病。王时进夫妇没钱付医药费，把家里仅有的一袋玉米送到了卫生室。上千元的医药费换来了一袋玉米，李春燕却流下了温暖的眼泪。

卫生室的生意渐渐好起来了，但生意却没有带来效益。村民们实在太穷，三五元的药费都掏不出来，李春燕又不忍心不管，只好先给病人把病治好，没钱，就在本子上把病人欠的药费记上。不到一年，欠账本记了满满一本。

李春燕不是不明白，这些欠账，实际上都是死账，根本收不回来。2002 年 5 月，由于没有资金周转，药品用完了，药柜空了，那正是容易患病的季节，李春燕急得嘴唇上起了一片水疱。想了一个晚上，她索性跑到县城去求药店的老板赊药，老板和她是熟人，又了解她的性格和为人，破例赊了一批药给她，这样，卫生室才继续维持了下去。

可是，李春燕赊来的药用出去后，村民的药费又是只能记在账本上，如此的循环往复，让她在药店赊的药钱总是不能付清。时间长了，没有药店再肯赊药给她，毕竟，药店不是慈善机构。

2003 年 2 月，她的卫生室又一次因为断药而面临关门。那天夜晚，李春燕辗转难眠，她摇醒了刚从城里打工回来过春节的丈夫孟凡斌，说："卫生室又没药了，把你的钱借我吧！我赚了钱就还你！"

孟凡斌沉默不语，他知道卫生室根本赚不了钱，为了维持下去，家中所有的钱，已经全部投进了卫生室，连哥哥和嫂子承包果园赚的钱也投了进去，哥嫂被迫提出分家。分家后，孟凡斌到山上砍木材，自己建新屋，却因为没钱买瓦盖房顶，屋顶只能搭上几块塑料布，遇上雪雨天气，雨滴和雪花会从屋顶落下。常常为了抵御寒冷，两个人只能抱在一起，蜷缩在角落里。

这样的时候，李春燕从来没有抱怨，可是孟凡斌爱妻子，想给她一个遮风挡雨的家，想让她过上幸福的生活。为了改变现状，他进城拼命打工挣钱，终于

李春燕替乡亲看诊

积攒了五千多元，他想用这些钱，把房子重新盖了，让生活可以舒适一点。却没想到，李春燕竟然动了这笔钱的念头。

看他沉默不语，李春燕撒娇地推了推他："我给你写借条行了吧？等我挣钱就还你。"

孟凡斌依旧不说话。

"不借算了。"李春燕等了半天见他不应，赌气转过身去，吧嗒、吧嗒地掉泪。

李春燕的哭声让孟凡斌心疼了，他怎会不知道呢？她付出了那么多，为的又是什么？他转过身搂住妻子："别哭了，我借给你，还不行吗？"妻子的眼泪，让他妥协了。

李春燕破涕为笑。可是，那五千多元钱只能勉强让李春燕的卫生室运转了一年，来找她看病的人越来越多，欠账也越来越多。一年后，她没有赚回钱来还给丈夫，换回的只是又一本账本，加上几年前的三本，开卫生室以来，李春燕赚回的全部，就是这样四本账本。

李春燕常常拿着这四本账本发呆，她为此难过，却又为此骄傲。她知道，账本上满满的，都是她的情，她的爱，她的业绩，是她对医生这个天职的履行笔记。

2004年春节过后，李春燕的卫生室已欠债七千多元，再也没地方借钱进药了，卫生室再一次面临关闭。孟凡斌对一脸愁容的李春燕说："燕子，你已经付出了那么多，现在卫生室已到了这种地步，关就关了吧，咱们一道外出打工吧。你有这么好的技术，咱们可以走出月亮山……"李春燕不说话，她舍不得，可是她已经没有任何办法。在丈夫的一再催促下，她违心地点了点头。

两天后，孟凡斌的战友打来电话，说在广东已经为他们联系好了工作。元宵节过后，孟凡斌和李春燕决定上路了。

李春燕要走的消息很快被乡亲们得知了，老的少的，全村人几乎都赶来了，有人提来了鸡蛋，有人拿着皱巴巴的一元两元零钱，他们知道欠李春燕的太多了……李春燕的手里，很快被那些皱巴巴的零钱塞满了。那一刻，她知道，她已走不出月亮山了，并且这一生，她都走不出这些企盼的目光了。

孟凡斌看着眼前的一幕，无奈加气愤，把李春燕的行李丢在了地上。说到底还是牵挂，他并没有走远，只是来到了县城，在县信用社找到了一份驾驶员的工作。

李春燕用乡亲们送来的药钱进了药，又重新把卫生室撑起来。但只两个多月后，卫生室又告急了，李春燕只好跑到县城，找到了丈夫，她唯一能够求助的人。

未等李春燕开口，孟凡斌无奈地看着她说："我知道又来找我借钱了。"说完，掏出两百元钱递给李春燕说："我给人家开车，每个月加班加点只有四百元工钱，钱不多，这点儿，你先拿去应急吧。"李春燕拿着钱，想笑，却抱着他哭了。说到底，最理解她的，还是爱她的人。而孟凡斌说，他知道他的妻子是个真正的天使。他可以和她赌气，但不可以不支持她。

以后，孟凡斌每月总是从打工收入中拿出三百元来补贴李春燕，靠着这点钱，卫生室勉强维持着。可家里的生活却难以支撑了，农忙时节，遇上乡亲们生病，地就只能荒着。2004年秋天的一个傍晚，她去给一位瘫痪老人打完针，

苗寨赤脚医生李春燕

刚回到家里，就看到村里的十多个妇女，每人担着一挑玉米来到她家，开玩笑说："老板，你收玉米吗？"李春燕看着那些已经熟得眼看就要脱落的玉米，笑着笑着，又哭了起来。

虽然日子过成这样，但丈夫却是越来越理解她了，他说："我们穷不要紧，反正我们还有本钱。"李春燕问："我们还有什么本钱？"丈夫笑了笑说："我们穷得只剩下感情了，这还不是本钱呀！"李春燕又哭了，她知道丈夫是想浪漫一下，这日子太苦了，再不浪漫那就更苦了。

那段日子，李春燕的眼泪好像特别多，她知道，眼泪有时候也是幸福的。被这些贫穷的人真诚地爱着，她觉得幸福。

李春燕就这样苦苦坚守着她那间不足十平方米的简陋得不能再简陋的吊脚楼，那个被她打造成天下最温暖的医院。慢慢地，越来越多的人知道了她，被她感动着。李春燕的事迹不断通过媒体传播，山外的好心人纷纷捐助她的卫生室。中国红十字基金会得知她的情况后，捐助十万元帮助李春燕在大塘村修建了一个村级博爱卫生站。

2005 年 7 月 12 日，卫生站破土动工了，李春燕站在工地上兴奋地喊着："咱大塘村终于有自己的医院了！"她的喊声传遍了月亮山。

（本文选自中国民族宗教网）

倾其所有奉献爱心
赤子情怀可歌可泣

文 / 李南玲

丛飞和他捐助的小孩

“我叫丛飞，来自深圳，义工编码是2478。能对社会有所奉献，能对他人有所帮助，我感到很快乐。”无论走到哪里，无论站在哪个舞台上，丛飞都是这样亮出自己的“名片”。

三十六岁的丛飞，唯一的职务是深圳市义工联艺术团团长，没有薪水，只有爱心。作为一名职业歌手，丛飞以唱歌为生，但他又是一名五星级义工。十年来他为社会进行公益演出三百多场，义工服务时间达到三千六百多小时。作为一位著名歌手，丛飞的商演频繁，本可以过上富裕的生活，但他十年来倾其所有，累计捐款捐物三百多万元，捐助失学儿童和残疾人超过一百五十人，自己却一直过着清贫的生活。

丛飞不仅被称为“中国最美丽的男高音”，而且多才多艺，“说学逗唱”四艺俱全；他为着“我不能成就一个世界，但我要尽我所能成就这些孩子”的承诺付出了自己的所有。

1969年10月，丛飞出生在辽宁盘锦大洼县（今大洼区）田庄台镇的一个贫困家庭，多次因交不起学费被赶到教室外边罚站的经历，成了他幼小心灵里最深的记忆。初二时，丛飞被迫辍学，但他不甘心向命运低头，认定凭自己洪亮的歌喉可以实现当歌星的梦想。于是，他历尽千辛万苦四处拜师学艺。丛飞出色的嗓音条件和执着、顽强的求学精神打动了男高音歌唱家历铁成，在他的精心培养下，丛飞的歌唱技艺快速提高，终于进入沈阳音乐学院声乐系，师从著名声乐教育家鲍延义，开始了他的艺术人生。后来，他被著名歌唱家郭颂收为关门弟子，形成自己独特的演唱风格，被郭颂称为“中国最美丽的男高音”。

1994年10月，丛飞来到深圳发展他的演艺事业。凭着出色的男高音和小品、口技等多方面的艺术才华，他很快成为一名深受观众喜爱的知名演员，而在深圳专为外来工娱乐而设立的“大家乐”舞台上一连五年的义演，丛飞不仅锤炼出一台“丛氏精品节目”，更锤炼出他奉献社会、播撒爱心的思想基础。

十年来，丛飞不仅多次到北京人民大会堂等处与蒋大为、宋祖英、关牧村、戴玉强等著名歌唱家同台演出，还多次应邀到国外演出，但丛飞更广阔的舞台还是在人民大众中。他一次次深入到贫困山区、部队厂矿、学校、社区，全身心投入慈善事业，积极参与社会公益演出。

1998年3月10日至16日，丛飞为了资助深圳的贫困孩子读书，连续举办了七场“帮困助弱丛飞义演晚会”，将15.6万元的门票收入全部捐献给了深圳青少年事业发展基金会。

1998年8月19日，深圳有关方面邀请丛飞参加次日的“情系灾区抗洪救灾大型义演”，丛飞立即推掉正在进行的商业演出赶回深圳，并将自己在湖南演出所挣的两万元全部捐了出来。据统计，仅在1998年，丛飞在各类义演中为公益事业筹集到的资金就高达一百多万元。

十一年前，丛飞在成都参加了一场为失学儿童重返校园的慈善义演。他不仅倾情演唱，还掏出了身上全部的两千四百元，成为全场最多的一笔助学金。主持人高兴地告诉丛飞：“你捐出的这两千四百元，可以使二十个孩子完成两年的小学学业！”

从那一刻起，同是苦孩子出身的丛飞决心要帮助更多的失学儿童改变命运。

他先后二十多次赴贵州、湖南、四川、山东等贫困山区举行慈善义演，为当地的失学儿童筹集学费。

从1995年正式资助第一批辍学儿童开始，他先后资助了来自贵州、湖南、四川、云南等地的贫困学生一百四十六人，其中有彝族、布依族、苗族、白族、羌族等十多名少数民族学生。在他身患癌症住院治疗的前一年，他又在贵州省毕节市织金县资助了三十二名孤儿和贫困学生，资助孩子的总数达到一百其实吧个。

十四岁的布依族女孩晏语轻轻是丛飞认下的“女儿”，第一次与“爸爸”见面的情景令她终生难忘。

2001年，丛飞来贵州为希望工程义演并为所资助的孩子送学费时，瘦弱忧郁的晏语轻轻引起了丛飞的注意：“小姑娘，你的书读得怎么样？家里有钱交学费吗？”

望着丛飞慈父般的目光，晏语轻轻的眼泪流了下来，“我爸爸在我生下来不久就不要我了，妈妈在外很少回家，我一个人生活，交不起学费……”丛飞一把搂过她：“孩子，从今往后，我就是你的爸爸，我来供你读书。”从此，丛飞就承担了她每年的学费和生活费。

织金县官寨乡副乡长徐习文是丛飞在贵州捐资助学的承办人，丛飞资助的许多贫困孩子都是由他介绍并联络的。他说：“来贵州扶贫助弱的单位和个人也不少，但没有谁能像丛飞这样达到完全忘我的境界。他六次来织金县和安顺市为贫困学生送学费，走时不仅捐光了身上所带的全部钱物，还要向随行的朋友借钱捐，有几次甚至连身上穿的衣服都脱下来捐了，大冬天只穿着一件短袖、内衣返回深圳。看着他在寒风中微微发抖的背影，我们在场的人都流泪了。”

作为一名没有稳定收入的自由歌手，虽然他演出频繁，出场费最高能达到两万多元，但要供养着一百多名贫困生、资助着几十名残疾人和孤儿，所付出的代价可想而知。

为此，丛飞节衣缩食，克扣家用，有时连一家三口的生活费都不够。不少人说他是“疯子”“傻子”，他的第一任妻子也因此跟他离婚了。

在他那五十多平方米的简陋家里，没有任何值钱的家当，衣柜里的衣服，都是三五十元钱的便宜货，唯一有些档次的是他常穿的白色演出服。夺人眼目的是墙上那一排大红的奖状和奖章，证明着这个清贫之家主人的不平凡之处：“鹏城青年爱心荣誉勋章”“深圳市五星级义务工作者奖”“2004年度广东省优秀音乐家”“中国百名优秀青年志愿者”……

丛飞说：“奉献是我最大的快乐，那些说我傻的人永远不会明白这些。”“我不能成就一个世界，但我要尽我所能成就这些孩子。”丛飞病重期间仍放不下大山里的孩子，说等他好了还要去做义工。

在身患胃癌晚期的情况下，他仍牵挂着他的“孩子们”，将别人捐赠给他的医药费捎给他们当学费、生活费。

在病房里，“爱心市民”丛飞收获了来自社会各界的关爱，他的爱心接力棒被更多人接了过去、传了开来。

躺在病床上的丛飞乐观坚强，但此时的他已然无声，因为癌细胞已经扩散到了他的声带。

4月22日，丛飞住进医院，被诊断为胃癌晚期。5月13日，深圳市人民医

丛飞被一个学校聘他为德育校长

院为丛飞实施手术，但打开腹腔后才发现癌细胞已经扩散到全身脏器。凝望着手术台上那张年轻的脸，在场的医护人员都眼含热泪。一位医学专家说："丛飞的癌细胞已经广泛扩散，太迟了。如果他能提早半年手术，一切都会不同。"然而，在这生死攸关的半年里，记者在丛飞的工作记录中看到的却是这样一组数字：2004 年 10 月，参加各类文艺演出二十五场，到深圳莲花北村残疾人康复站义演两场，其中两场是收费的商业演出，两万元收入全部给贫困生交了学费；2004 年 11 月，持续高烧、胃部疼痛的丛飞坚持到养老院、福利院及监狱义演了八场，到莲花北村残疾人康复站义演四场；2004 年 12 月，丛飞开始吐血、便血，胃部剧烈疼痛，在止痛药的支撑下演出了十六场，仅 12 月 25 日圣诞节当天就演出三场。这十九场演出中，只有一场是有收入的商业演出，其他不是友情演出就是慈善义演；2005 年 1 月，丛飞的病情继续恶化，全身开始剧烈疼痛，但他还是以常人难以想象的毅力参加了六场为海啸灾区的赈灾义演……

丛飞的胃病已有六年的历史，因为他要挣钱给他的"孩子们"交学费，一直没有认真治疗，也舍不得花钱治疗。胃出血严重时，也只是到小医院住几天又赶紧出院。当他病重的时候，也是在医院免掉医疗费的情况下才住院治疗的。

病榻上的丛飞贫病交加，但依然牵挂着贫困山区的那一百多个孩子，他将大家的捐款拿出两万元捎往贵州织金县贫困山区，并吃力地给"儿女们"录下一段话："孩子们，爸爸不能亲自来看你们了，但爸爸很想念你们，希望你们好好学习，将来成为一名对社会有用的人……"

他不无遗憾地说："如果命运再给我五年的时间，我会兑现向孩子们许下的诺言，会陪着他们完成学业，会看着他们健康成长，会用更多的爱回报社会，让这个社会更加和谐美好。"

收到丛飞捎来的学费，孩子们个个泪如雨下，泣不成声："爸爸啊，您是为我们累坏的，我们不能没有您！"

他的一个叫白丽萍的"女儿"在给丛飞的信中写道："有人说，一朵花开是一万朵花的牵挂，而您的痊愈是我们所有人的希望。祝您早日康复，为明天再谱写一份精彩。"

丛飞用火红青春和博大关爱所谱写出的扶困助弱、无私奉献的动人乐章，感动和激励着深圳市民，人们以各种方式向他们心中的"爱心大使"送去真挚的关爱。自丛飞住院以来，每天自发赶

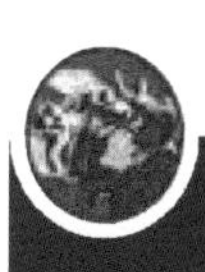

到医院看望他的深圳市民络绎不绝，有的送钱，有的送汤，有的送营养品，人们用各种方式表达关爱，传递着他们的心声：“好人自有好人帮，好人一定有好报。”大家祝愿丛飞能战胜病魔“重飞”起来。

在社会各界的关怀下，丛飞的户口、社保、医药费等问题得到了解决，共青团深圳市委还接过丛飞的接力棒，决定继续资助丛飞的一百多名“孩子”完成学业。最让丛飞兴奋的是，2005 年 5 月 27 日这一天，他在病房举手宣誓，成为一名共产党员，实现了自己多年的心愿。

深圳市委、市政府日前授予丛飞“爱心市民”的荣誉称号，做出在全市广泛深入开展向丛飞同志学习的决定。深圳市委、市政府要求广大党员要以丛飞同志为榜样，见贤思齐，从我做起，时刻把人民群众安危冷暖放在心上，关心群众疾苦，关心社会弱势群体，努力为建设和谐社会奉献爱心。

感受丛飞，他将好事做到极致的执着，他身上所表现出来的强烈的社会责任感和关爱之心，他“只要你回头一笑，我就很知足”的精神境界，足以感动任何一个人。

丛飞倾其所有奉献爱心的执着超出了很多人的心灵底线，正因为如此，才显得特别难能可贵，特别让人感动。人们在感动中理解丛飞，感悟人生。丛飞紧握双拳与莲花北残疾人共勉战胜病魔。

丛飞病重住院后，他资助的贵州贫困生王维珊给他写来充满感情的信：“爸爸，从您身上，我第一次知道伟大可以这样具体，爱心可以这样博大。当您将辛苦赚来的钱毫不吝啬地送到众多贫困生和他们家长的手中时，当您顶着烈日寒风一次又一次地长途跋涉探望您的孩子们时，当您将身上的外套脱下来亲手披在另一个羸弱的身体上时，爸爸呀，您是怀着怎样一颗博爱仁慈的心啊……我是站在您的肩膀上享受这一切的，我不会忘记，我对后人有着同样的责任。”

丛飞的妻子邢丹开始对丛飞的做法也不太理解。2004 年夏天，她随丛飞一起去贵州贫困山区送学费。他们沿着崎岖不平的山路走了六个小时，才到达官寨村。那里的孩子很可怜，有的身上连一块整布都没有。一个叫朱丽的女孩，由于长期营养不良，十二岁了还没有他们四岁的女儿高。贵州之行让邢丹彻底了解并支持丛飞的所作所为，“充满爱心的男人值得爱！”她自豪地说，“爱让我也成了贫困孩子的‘妈妈’。”

丛飞的父母说：“看到儿子将辛苦赚来的血汗钱都捐给了别人而自己过着俭朴的生活，生病都舍不得去医院治疗。我们一度既生气又痛心。”

一次，丛飞把自己的钱全部捐给了贫困学生，自己女儿的幼儿园学费却无法按时缴纳，是这对清贫的老父母拿出自己为数不多的积蓄，才解决了儿子的困境。

“如今，看到他使那么多贫困生、孤儿和残疾人改变了命运，看到社会各界对他的高度评价，我们理解了儿子所做这一切的价值和意义。儿子是我们的骄傲！”他们这样说道。

丛飞在一首自己作词的《愿你幸福》歌里这样唱道：“只要你快乐，只要你幸福，只要你圆上好梦，我就不辛苦；只要你如意，只要你回头一笑，我就很知足。”歌如其人，或许这可以让我们更深地了解丛飞的赤子情怀。

当贵州山区受资助学生得知爸爸身患癌症时千里迢迢来深圳看望，她们的小手一下子紧紧地搂住丛飞爸爸的脖子，久久不愿放开。

为了圆一个下肢高位截瘫的残疾人读大学、当作家的梦想，丛飞在六年的时间里，将七万多元的血汗钱送给了他。如今，这位残疾人不但成了作家，还抚养了六名面临失学的贫困学生。

1999 年 3 月，丛飞去湖南汉寿县为希望工程义演，并捐出十万元设立“丛飞爱心助学基金”。就是在那一次义演中，丛飞认识了一位坐着轮椅赶来看他的特殊观众胡诗词。

胡诗词家境贫寒，儿时在一次高烧后失去了行走的能力，下肢高位截瘫。小学三年级时，他不得不辍学在家。尽管他做梦都想读大学当作家，但残酷的现实不得不让他收起各种幻想。由于不能行走，也无法站立，胡诗词只能被人背着来见丛飞。当时，丛飞刚从舞台上下来，坐在椅子上与大家交谈。当他得知胡诗词已经年过三十却只读过小学三年级时，表现出了一种特别的同情。胡诗词告诉丛飞，他对文学始终充满兴趣，做梦都想成为一名作家。丛飞对他说：“要实现你的作家梦，仅有小学三年级的文化可远远不够，你还应该去读书，提高文化水平。”

胡诗词何尝不想去读书啊，可是贫寒的父母时常为一家人的吃穿发愁，哪里有钱供他读书？丛飞看出了他的难处，当即表示：“你不必为交不起学费发愁，从今以后，你读书的学费由我来承担。”说罢，他问身边的人读成人大学每年需要多少学费？有人告诉他，每年按七千元计算，四年本科则需要两万八千元。丛飞从包里拿出了刚刚收到的一笔两万七千元的演出费交给胡诗词：“这些钱你先拿着，去实现你的大学梦吧。”

胡诗词激动得说不出话来，丛飞笑着对他说：“人生都有困难的时候，你就把我当成你的兄弟好了。残疾人要自立于社会不容易，我作为一个健全人有责任帮助你。只要你自强自立，我会一直帮助你，就像帮助那些失学的贫困学生一样。”

丛飞的鼓励与帮助给了胡诗词巨大的激励。从此，他开始发奋读书，次年就以优异的成绩通过了成人高考，开始学习汉语言文学专业的本科课程。对一个生活完全不能自理的高位截瘫病人来说，胡诗词为读书克服了常人难以想象的困难。为了减少听课时上厕所的不便，他时常整天不敢喝水。

为了让胡诗词顺利完成四年的大学学业，2000 年春天，丛飞来湖南演出，又给胡诗词送来了一万元钱，让他专心读书。看到丛飞对胡诗词如此慷慨大方，许多人都认为丛飞“一定很有钱”。然而，他们不知道，丛飞为了扶困助弱，自己及家人一直过着十分清贫的生活。

每次到湖南演出，丛飞都要去看胡诗词。他十分细心地关心胡诗词的生活，甚至对他的恋爱婚姻问题也多次过问，鼓励他大胆追求幸福。

四年过去了，胡诗词在丛飞的资助下顺利地拿到了大学本科毕业证书。为了扶持胡诗词白手起家干出一番事业，丛飞继续对他进行帮助。“只要我生活中遇到了难处，丛飞宁肯自己省吃俭用也要给我寄过几千元钱，使我一次又一次地渡过了难关。”胡诗词说，这几年来，丛飞资助他的钱已经有七万多元。

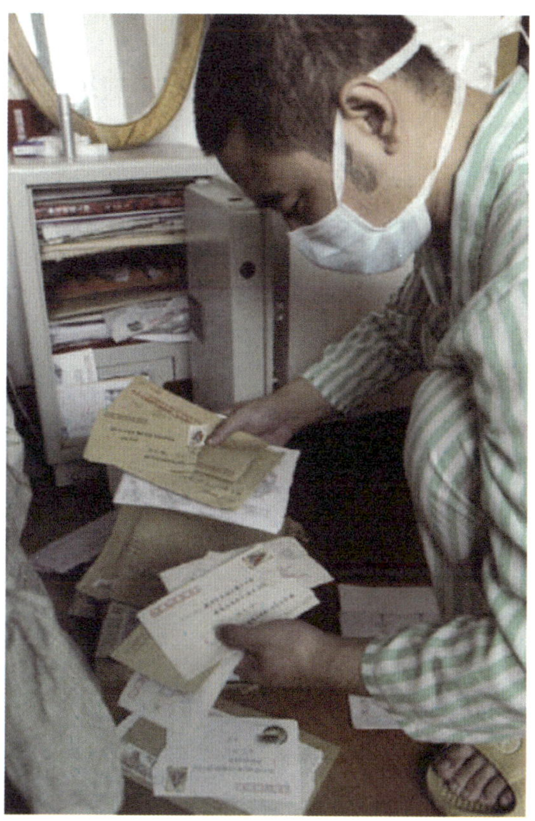

丛飞的保险柜里没有现金没有存折，保险柜里装满了他捐助过的孩子寄来的信件

丛飞为山区的孩子们义演

胡诗词激动地说："丛飞让我感受到了人间的真善与美好，理解了一个人对他人、对社会无私奉献的伟大与崇高。这些在大学课本里学不到的东西，我在丛飞的言传身教中学到了。他是对我的人生产生巨大影响的人，令我终生难忘。"

有了丛飞在精神上的激励，胡诗词的创作灵感也一发而不可收。短短的几年时间，他发表了三百多篇文艺作品，被湖南作家协会吸收为会员，后来又成为中国残疾人作家协会的会员。由他主编的《沧浪》杂志也一天天发展壮大。

怀着一种报恩的思想，胡诗词从自己并不多的收入中拿出一部分钱来，资助了六名贫困学生读书。他说："虽然我不能像丛飞那样资助一百多名贫困学生，但我还是通过这件事感受到了一种前所未有的快乐。尤其是当我把自己所做的这一切告诉丛飞的时候，他非常高兴地对我说，如果我们每一个有能力帮助自己同胞的公民都向有困难的人伸出援助之手，我们的这个社会才会更和谐、更美好。如果他帮助过的每一个人都能理解这一点，在接受别人的爱之后，再把这种爱传递下去，这才是他最希望看到的结果。"

不久，胡诗词来到了深圳，看望丛飞，他说道："没有您的帮助，我可能早就成了街头的乞儿，怎么会有今天的成绩？我还没来得及报答您，您怎么就病成这样了？我不能相信，也不敢相信……"

然而在病榻边见到一年未见的胡诗词，丛飞却十分高兴，一边拉着他的手，一边为他擦去眼角的泪花："坚强起来，不要难过。"胡诗词强忍泪水把自己新出的一本书送给丛飞。看到胡诗词事业上的进步，丛飞露出了欣慰的笑容。随后，他又问起了胡诗词资助的那六名贫困学生的学习情况，鼓励胡诗词一定要把这六名孩子供到毕业。胡诗词含泪向丛飞表露决心："无论再苦再难，我也要像你一样对孩子们负责到底。"

临走时，丛飞让妻子邢丹取出一万元钱送给胡诗词："我知道你的生活一直很困难，一个双腿不能行走的残疾人，要支撑一个家和六个贫困学生，是一件很难的事情。这一万元钱你拿回去，有难处时再用。"

胡诗词见丛飞病到这种程度依然想着照顾他，说什么也不肯接受，可丛飞坚决不依："这笔钱你一定要收下，就算我对你和那六个孩子最后履行一次义务吧！"胡诗词无法再拒绝。他握住丛飞那双瘦弱的手，带着哭声说："受你资助这么多年，我没能当面对你说声谢谢，今天就让我当面对你说声谢谢吧！"

深圳市人民医院医务部主任王玉林博士说："丛飞来到我们医院住院已经两个多月了，在与丛飞相处的日日夜夜，我经常被丛飞的事迹感动着。"

"在我们医生眼里，丛飞是一位坚强的癌症患者，他是经常面带笑容，没有表现出对癌症的恐惧。"

在进手术室门口回头向他的妻子及其他朋友挥手时，他面带笑容；在麻醉师要给他进行插管麻醉时，他面带笑容；在介入放射科医生切开他胸部皮肤埋置化疗药泵时，他面带笑容，还鼓励医生"医生，放心大胆地切，我不怕"；在化疗药物副作用达到高峰使他不断呕吐时，他还是面带笑容，强忍着痛苦，尽可能多吃些饭。

在胃癌手术后不久，丛飞就到隔壁的病房里现身说法，鼓励病友们树立信心，战胜病魔。他还用那沙哑的声音为病友讲笑话，模仿滑稽动作，让久违的欢笑声又重新回到了病房。医护人员和其他患者说：“从来没有见到像丛飞那么开朗的胃癌晚期病人。”

刘家增长期从事摄像工作。1997 年，他在青少年活动中心举办的一次义演中认识了丛飞。当时，在不少人眼里，丛飞是个“怪人”。豪爽的老刘坦言：“我也是从怀疑到慢慢认识，经过一次次的接触，最后才深深地受到了丛飞的感染。”

刚开始，看到丛飞拼命地参加义演，老刘认为他“爱出风头”，甚至挖苦、嘲笑他在“作秀”，“我曾怀疑他的动机，是想通过参加义演活动，借机进入团市委谋个一官半职，或者想借此出名，谋个深圳户口。”

老刘对丛飞的印象改变，始于 1998 年。当时，团市委成立帮困救弱基金，号召广大团员义捐。丛飞马不停蹄地义演了七场，从沙头角到宝安，从蛇口到龙岗，不仅没有喊累，还把所有收入捐出来。

此后，刘家增到北京录制慰问抗洪救灾部队音像资料时，在人民大会堂又邂逅了前来义演的丛飞。“得知丛飞自己掏钱买机票，大老远从深圳跑到北京义演，我对他的印象明显改观。”老刘说。

2003 年，老刘和丛飞等人去贵州，此行让老刘对丛飞的了解和尊敬进一步加深。在贵州，只要见到有需要的贫困孩子、老人，丛飞都会给钱。自己身上的钱捐完了，他便向同行的团友借钱。当时，老刘正在忙着摄影，丛飞也把他“逮着”：“老刘，您身上还有多少钱，借给我吧，回去我还你。”最后，丛飞把老刘身上的一千多元全部掏走，捐给了山区贫困学生。

丛飞入院以来声音逐渐沙哑，靠唱歌赚钱捐助贫困孩子和义演的他非常痛苦和着急。在病房里，丛飞仍认真研究喜剧明星查理·卓别林的表演，他说：“虽然我不能再唱歌了，但我一样可以演哑剧、喜剧，一样可以给别人带来快乐。”

（本文选自人民网）

病中的丛飞光荣地加入了中国共产党